&R
23579

FRÉDÉRIC PASSY
Membre de l'Institut

UNE EXHUMATION

UN COURS LIBRE
SOUS L'EMPIRE

1863 - 1865

Prix : 2 fr. 50

PARIS
LIBRAIRIE GUILLAUMIN ET Cⁱᵉ
14, RUE RICHELIEU, 14

1900

UNE EXHUMATION

UN COURS LIBRE

SOUS L'EMPIRE

1863-1865

8 R
23579

FRÉDÉRIC PASSY
Membre de l'Institut

UNE EXHUMATION

UN COURS LIBRE

SOUS L'EMPIRE

1863 - 1865

(Économie politique)

Prix : 2 fr. 50

PARIS
LIBRAIRIE GUILLAUMIN ET Cie
14, RUE RICHELIEU, 14

—

1900

UN COURS LIBRE SOUS L'EMPIRE

NICE

1863-1865

Le professeur, pour ce premier entretien, avait pris son sujet en quelque sorte dans les circonstances mêmes. Il inaugurait un ensemble de *cours publics* dus à la fois à l'initiative individuelle et à l'initiative locale : il s'est attaché à mettre en lumière, d'une part, la nécessité de l'instruction — spécialement de la diffusion des connaissances économiques — d'autre part, la grandeur et l'importance du rôle qui revient au zèle personnel dans cette œuvre immense et multiple.

C'est à la première proposition, comme à la principale, que M. F. Passy a consacré la majeure partie de son *Discours*. Non que l'instruction, à son avis, soit aujourd'hui l'objet d'attaques directes bien sérieuses ; personne sans doute ne ferait ouvertement, désormais, le panégyrique de l'*ignorance*. Mais il reste dans bien des esprits, à défaut de cette hostilité réfléchie et avouée, des préventions vagues ; il renaît au fond de presque tous, à certaines heures, des défiances et des doutes, sur lesquels il est nécessaire, pour ne pas marcher davantage à l'aventure, que le jour se fasse enfin. Il faut nous entendre avec nous-mêmes et savoir décidément dans quelles voie nous voulons et nous devons marcher.

Attaquant aussitôt le problème de front et dans sa partie vive, M. F. Passy a examiné et apprécié rapidement ce grand fait, objet tantôt d'orgueil et tantôt de terreur, souvent d'orgueil et de terreur tout ensemble, et dont le nom seul rappelle et soulève les sentiments les plus divers, la *démocratie*. Sans amertume pour le passé, qui a été le germe du présent, mais sans complaisance non plus pour les théories rétrogrades qui réclament en faveur d'institutions éteintes autre chose que le respect dû aux morts, il a signalé hautement, dans le régime nouveau du *droit commun*, le grand caractère et le grand honneur de notre âge, et n'a pas hésité à déclarer à ce titre le progrès de la démocratie indissolublement lié au progrès de l'égalité civile et de la dignité humaine, qui n'est rien moins que l'application aux relations sociales des principes de la justice naturelle et des préceptes de la loi évangélique.

Il s'agit de savoir, a-t-il dit avec M. de Tocqueville, non si nous aurons la *démocratie* ou l'*aristocratie*, mais si nous aurons *une démocratie tyrannique et grossière* ou *une démocratie éclairée et libérale*; si le rapprochement graduel des conditions sera une élévation ou un abaissement; s'il se fera par l'indépendance croissante de la personne humaine ou par son absorption dans une servitude et une nullité communes.

Mais s'il en est ainsi (et qui en pourrait douter?) que faut-il faire? Eclairer les individus, ou les retenir dans l'ignorance et dans ses ombres dangereuses? Développer la pensée, ou la restreindre? Etouffer le jugement personnel et le sens de la responsabilité, ou leur donner, avec les moyens de s'exercer librement, l'habitude de le faire?

La réponse peut-elle être un instant douteuse? Il est évident que ce n'est qu'en formant des hommes honnêtes, éclairés et sages qu'on peut obtenir des sociétés paisibles, industrieuses et heureuses; et ce n'est pas l'excès des lumières, c'est leur insuffisance qui a mis en péril, de nos jours, qui pourrait y mettre encore, les intérêts et les droits les plus sacrés. « Tout est perdu, disait Voltaire, non quand on met le peuple en état de s'apercevoir qu'il a un esprit, mais quand on le traite comme une troupe de taureaux, car, tôt ou tard, ils vous frappent de leurs cornes ».

De rapides mais vives allusions aux faits contemporains, et quelques importantes et décisives citations sont venues, dans la bouche du professeur, rendre pour ainsi dire visible et tangible cette conclusion; et c'est en quelque sorte avec l'évidence irrésistible de la nécessité présente et de l'impérieux devoir qu'il a amené l'auditoire à répéter avec lui ces paroles de Channing, qui eussent pu lui servir de texte : « *Toute espérance de stabilité qui ne repose pas sur le progrès du peuple sera trompée infailliblement* ».

Mais comment élever ses semblables, si l'on ne prêche soi-même et de précepte et d'exemple ? Il faut donc, si nous voulons amener à la lumière (hors de laquelle il n'y a pas de paix), à l'indépendance (hors de laquelle il n'y a pas de dignité ni de justice), nos semblables encore moins avancés que nous; il faut, a dit le professeur, et travailler nous-mêmes à nous éclairer et à nous élever, et mettre nous-mêmes la main à l'instruction et à la moralisation de nos semblables. C'est là une œuvre de tous les lieux et de tous les instants; ce doit être une œuvre de toutes les intelligences, de tous les cœurs et de toutes les mains.

C'est à ce point de vue surtout que le professeur a cru devoir bien augurer de l'enseignement nouveau dont il avait l'honneur d'être le premier organe. Il a félicité hautement la ville de Nice, d'être l'une des premières à donner l'exemple. La Chambre de commerce, qui l'a appelé, l'administration municipale qui a voulu offrir l'hospitalité à la science; et les honorables collègues qui viennent également donner leur temps au bien public, ont eu naturellement leur part de ces félicitations et de ces remerciements bien légitimes.

Mais M. F. Passy n'a pas voulu se borner à ces espérances générales, et qui eussent pu être communes à d'autres villes. Il lui a semblé qu'à Nice, en ce lieu où se rassemblent et se touchent tous les peuples, de plus larges et plus belles espérances pouvaient être permises, qu'elles étaient commandées peut-être. Et, jetant un regard hardi sur l'avenir, il s'est plu à nous faire entrevoir, comme un couronnement de l'œuvre modeste qui s'essaie aujour-

d'hui, comme un fruit magnifique de l'humble semence que
nous venons de semer, la création graduelle dans notre
ville d'une vaste *Faculté internationale*, réunissant toutes
les sciences comme toutes les langues, et donnant, par la
fraternité de l'intelligence, un avant-goût de cette fraternité des peuples qui est le rêve de l'avenir, et qui sera un
jour, a-t-il dit énergiquement, la réalité du présent.

C'est sur cette grande idée, rattachée aussitôt, par quelques traits des plus nets, et aux principes généraux de la
science économique et aux préoccupations les plus vives
de la politique présente, que le professeur a voulu laisser
son auditoire « de toute langue et de toute nation. » Et
c'est comme à une prédication de paix, de paix sociale
et de paix internationale, qu'il l'a convié à revenir l'entendre (1).

PREMIÈRE ET DEUXIÈME LEÇONS

La Propriété, d'abord dans son essence, puis dans ses
manifestations principales, tel a été le sujet commun des
deux premières *leçons* proprement dites du Cours d'économie politique de M. Frédéric Passy. L'étendue du
sujet ne pouvait permettre au professeur de le traiter en
une séance. Il a dû se résigner à le diviser ; mais il nous
a paru préférable, pour la clarté comme pour la briéveté
de l'exposition, de résumer ces deux leçons en un seul
compte-rendu.

Les raisons qui ont déterminé M. F. Passy, contraire-
ment à l'usage généralement adopté par les maîtres de
la science, à commencer par cette question en apparence
délicate et difficile, sont de celles qui frappent aisément

---

(1) Le discours d'ouverture, dont on trouve ici le résumé, a
été publié intégralement dans le *Journal des Economistes* de
l'époque et tiré à part sous ce titre : *La Démocratie et l'Instruction*, avec une épigraphe tirée de Pétrarque : *I' vo gridando
pace, pace, pace*.

tous les esprits. La *Propriété* est, de nos jours, le point
menacé, celui sur lequel, dans des luttes récentes dont
toutes traces ne sont pas effacées, s'est concentré princi-
palement l'effort de l'attaque et l'effort de la résistance.
C'est donc, au point de vue de la paix publique, le premier des problèmes à éclaircir. C'est le premier aussi, au
point de vue de la science, le problème *pivotal* (pour
emprunter un mot à la langue de Fourier) ; puisqu'il n'y
a pas, à vrai dire, un seul phénomène économique qui
n'implique ou ne suppose la propriété ; puisque l'homme,
— qu'on a pu définir à bon droit un *animal propriétaire,*
— dans le cercle si varié de ses occupations, de ses travaux et de ses jouissances, reste nécessairement toujours,
d'un bout à l'autre de sa vie, enfermé entre ces deux
termes extrêmes, qui tous deux sont des actes de propriété : l'effort d'obtenir, et la satisfaction d'user.

Effort d'obtenir, satisfaction d'user, tout est là, aux
yeux de M. Passy. L'un est le prix, l'autre la récompense;
l'un la cause, l'autre l'effet : c'est, à proprement parler,
l'*actif* et le *passif* du bilan de l'existence humaine. Et la
propriété, — dépôt et incarnation en quelque sorte de cette
existence dans les choses, — se trouve ainsi ramenée et
comme identifiée à ce qui fait le fond même de la nature
de l'homme et sa prééminence sur ce qui l'entoure, à la
liberté morale, source unique et permanente de tout droit.
Mais laissons, pour plus de sûreté, en une matière si
délicate, la parole au professeur lui-même, puisque, dans
un de ses écrits, nous trouvons comme condensé par
avance toute la substance des idées que nous avons
entendu développer devant nous.

L'homme, dit M. Passy dans son *Etude sur la Propriété Intellectuelle,* a reçu de la Providence le don de la
vie, c'est-à-dire la durée, l'intelligence, la volonté et le
mouvement. Cette vie, il en dispose ; il l'emploie. Il l'emploie parce qu'il est dans sa nature d'agir, et qu'elle ne
se manifeste et ne s'atteste à elle-même que par son

usage. Il l'emploi aussi parce que c'est l'unique manière de la conserver ; et que, si l'être pensant dispose de lui-même, il ne se suffit pas à lui-même. « Pour durer, il faut qu'il se renouvelle ; et pour se renouveler, il faut qu'il se dépense. Il est donc, par la nécessité la plus manifeste, dans un commerce perpétuel avec le monde extérieur ; prenant et rendant, recevant et donnant, *payant*, à la lettre, *de sa personne*, tout ce qu'absorbe sa personne, et *vivifiant pour être vivifié*. Incessamment, par une sorte de transubstantiation mystérieuse, ce qui était lui cesse de l'être, ce qui ne l'était pas le devient ; et la vie, comme un courant circulaire, sort de lui sous une forme pour y rentrer sous une autre. »

Cette vie qui sort, et cette vie qui entre, sont-ce des vies différentes ; et la trame de l'existence humaine est-elle à chaque instant coupée et renouée ? Evidemment non. Et, à cet égard, le témoignage intime de la conscience parle assez clairement. « A travers ces transformations, plus ou moins nombreuses, plus ou moins rapides, chacun de nous se sent toujours une seule et même *personne*, et l'identité du *moi* persiste manifestement en lui. La force libre, une fois née en nous, est donc *nôtre* à jamais ; et, sur quelque point de sa carrière qu'on la considère, ramassée dans son centre ou éparpillée loin de lui, arrêtée ou agissante, latente ou visible, c'est toujours la même force, diversement appliquée, mais non changée. C'est toujours la personnalité libre d'un agent moral. En cela, du reste, et malgré sa nature supérieure, l'activité *humaine ne fait pas exception* ; car rien ici-bas, ni matière ni force, ne comporte de destruction. Les apparences changent, l'essence demeure, et le monde n'est qu'une série de mouvements. »

Ainsi des forces inertes de la matière, ainsi de la force volontaire qui fait l'homme. Et c'est, selon M. Passy, (d'accord en cela, du reste, avec toute la philosophie spiritualiste), cette persistance même qui constitue et qui légitime la propriété. L'homme subsiste en se transformant; et sous des formes nouvelles, il continue à se posséder et à disposer de lui-même : rien de moins, mais rien de plus. « Il a produit au dehors cette force intérieure qui est en lui; il a, sous une forme ou sous une autre, manifesté cette *initiative* qui est son merveilleux partage; il a, par une impulsion partie de lui, et en vertu de la supériorité évidente de l'être pensant et libre sur l'être fatal et neutre, donné aux choses une allure qu'elles n'avaient pas, modifié leur disposition, leur destination, leurs rapports, et marqué sur elles son empreinte; il a *agi*, en un mot, et fait une *œuvre*, œuvre de l'esprit ou œuvre du corps. Cette œuvre, *en tant qu'elle est la sienne*, n'est pas autre chose qu'un dépôt et, à bien dire, une portion de son être. Non seulement elle est *à lui*, elle vient *de lui*, mais elle est LUI. Lui seul, par conséquent, a droit sur elle; lui seul, après avoir, par une première métamorphose, disposé de sa puissance active, a qualité pour en disposer encore par une seconde.

« Porter atteinte à ce droit, mettre obstacle, par un moyen quelconque, à ce qu'il l'exerce à son gré, ce n'est rien moins qu'attenter au développement de ses facultés, attaquer sa personne, et restreindre, avec sa liberté, sa part d'existence.

La propriété, ainsi saisie dans sa source, n'est, on le voit, que la manifestation extérieure du fait élémentaire de la *distinction des existences*; et sa légitimité se confond avec la légitimité même de la vie. Elle n'est donc pas, comme on le dit trop souvent, un accessoire plus ou moins respectable de l'homme, produit facultatif et changeant des conventions sociales : elle est le fond même de sa nature, et elle ne l'entoure de toutes parts que parce qu'elle sort de lui à toute heure. Ce qui la constitue, ce n'est pas tel ou tel objet empreint de l'activité humaine; c'est cette activité elle-même; c'est l'exercice individuel des facultés. Pour tout dire d'un mot, l'homme *naît propriétaire*, il

ne le devient pas ; il naît *propriétaire de lui-même*, et il
ne devient, il ne saurait devenir, légitimement au moins,
propriétaire que de lui-même (1) ».

Nous ne pouvons songer à indiquer ici, même sommai-
rement, on le comprend, les exemples nombreux et variés
par lesquels, — passant de la théorie à la pratique et du
raisonnement aux faits, — M. F. Passy a, pour ainsi dire,
vérifié *expérimentalement*, en présence de ses auditeurs,
cette doctrine, en apparence abstraite, et appelé la mécanique et la physique à contrôler et à rendre sensibles
aux yeux les moins exercés les données de la métaphysique. Nous nous bornerons à dire qu'après avoir, dans
l'homme qui, pour la première fois, s'éveille à la conscience
de ses facultés par le sentiment de ses besoins, découvert
et signalé le germe encore obscur de la propriété qui
s'ignore, il nous a fait assister successivement à la naissance, au développement, à l'épanouissement de ce germe,
qui, peu à peu, couvre le monde. Depuis le sauvage qui de
ses ongles déchire sa proie, jusqu'au pasteur qui dirige
son troupeau et à l'agriculteur qui le transforme et l'emploie ; depuis le premier verre d'eau puisé à la source ou
le premier fruit amer cueilli sur la ronce, jusqu'aux plus
admirables et aux plus puissants résultats de l'art de
la science et de l'industrie moderne, partout il nous a
montré l'homme *conquérant sur la nature et sur lui-même
tout ce qu'il acquiert* ; saisissant ou faisant apparaître à
ses dépens, dans la matière, les utilités qu'il en retire
ensuite *à son profit* ; et ne faisant, sous les noms ambi-
tieux de *production* et de *consommation*, de *création* et
de *destruction*, que varier de mille et mille manières,
à mesure qu'il apprend à connaître et à employer les
forces de la nature et les siennes, la *dépense* et la *reprise*
de sa vie. Si bien qu'en somme la matière qui, aux yeux
du vulgaire, constitue la propriété, et dont il est si disposé

---

(1) V. *De la propriété intellectuelle*, études par M. Passy,
F. V. Modeste et P. Paillottet.

à croire que la propriété est la confiscation définitive entre les mains d'un seul à l'exclusion des autres ; cette matière, sans prix avant l'intervention de l'homme, sans prix encore dès que l'intelligence et la main de l'homme se sont retirées d'elle, n'est jamais pour lui que la représentation et le gage d'une créance sur lui-même, l'*enveloppe*, et non la *substance* de la propriété, son corps, et non son âme ; et qu'on peut dire d'elle, sans exagération et sans inexactitude, ce que le bon sens en personne, Franklin, disait de la vie humaine : « Nous sommes des esprits, et des corps nous ont été prêtés. » La propriété est un esprit, elle aussi ; un esprit qui ne marche pas sans un corps ; mais ce corps ne lui est que *prêté*, et prêté, comme les organes à l'âme, à la charge d'en rendre compte à ses risques et périls et jusqu'au dernier atome.

C'est surtout dans la seconde leçon, dans laquelle il a plus particulièrement parlé de la *Propriété foncière*, que M. Passy a fait apparaître, en traits saisissants, cette âme de la propriété ; et c'est ici que nous regrettons le plus les bornes qui nous sont imposées. Lorsque, après avoir retracé les phases principales de la lutte ininterrompue par laquelle l'homme est parvenu à vaincre et à maintenir dans la sujétion une partie trop faible encore de ces forces naturelles dont la propriété foncière n'est que le faisceau réuni entre ses mains ; lorsqu'après avoir énuméré tour à tour les difficultés et les pièges à travers lesquels ont dû se frayer péniblement leur route individus et nations ; lorsqu'après avoir opposé l'une à l'autre, avec une irrésistible abondance de documents et de preuves, la nature *naturelle*, qui est l'ennemie de l'homme, et la nature *artificielle*, qui est son auxiliaire, parce qu'elle est son œuvre ; l'orateur s'est écrié enfin, avec les économistes contemporains les plus distingués : « La terre, c'est l'homme ; et ce n'est pas la propriété qui a fait le propriétaire, c'est le propriétaire qui a fait la propriété »... les plus prévenus se sont associés à ce juste hommage aux labeurs ingrats de tant de générations couchées dans le sol pour y soutenir nos pas. Et dans cette lente accumulation de biens qui forme aujourd'hui notre imparfait patrimoine, ils ont béni, avec la main de Dieu, la main laborieuse de ceux dont nous recueillons, sans y penser assez, les sueurs de sang et dont le souffle a formé le nôtre. Tous avaient compris que la propriété, lorsqu'elle n'est point le fruit de la fraude ou de la violence, mais le résultat naturel de l'intelligence et du travail, est sacrée dans sa source, bénissable dans ses effets ; et qu'au lieu de restreindre ici-bas la place des survenants et de réduire leur part, c'est elle, au contraire, qui, en perfectionnant le monde et en améliorant l'homme, prépare, d'âge en âge, aux générations nouvelles et aux moins favorisés en apparence, un théâtre meilleur pour l'emploi de leurs forces et plus de ressources personnelles pour tirer parti des richesses plus grandes qui sont devenues le patrimoine commun.

C'est sur cet aperçu bienfaisant que le professeur a laissé ses auditeurs. C'est cet aperçu qu'il se propose de développer et de confirmer en parlant du COMMUNISME et de l'HÉRÉDITÉ.

TROISIÈME LEÇON

Le COMMUNISME ET L'HÉRÉDITÉ, c'étaient là deux sujets bien vastes pour une même séance ; et le premier, à lui tout seul, pour être étudié d'une manière complète, dans les livres qui en ont formulé la théorie comme dans les faits qui en ont tenté la réalisation pratique, ne demanderait pas moins qu'un cours tout entier. Inutile de dire, par conséquent, que M. Passy ne pouvait songer à épuiser sa matière, et que son but, en réunissant, comme il le faisait, deux questions de premier ordre, était uniquement d'indiquer à ses auditeurs les points vraiment essentiels du problème et d'énoncer devant eux les grandes lois qui dominent tout le reste, et desquelles tout découle. C'est, d'ailleurs, nous le croyons, la seule voie à suivre dans un cours comme celui que nous fait l'honorable professeur. Et, bien que son illustre maitre, Bastiat, dans le charmant pamphlet : CE QU'ON VOIT ET CE QU'ON NE VOIT PAS, ait réussi à mettre réellement à la portée de tous : « l'*Economie politique en une leçon* », on ne saurait se flatter, évidemment, en une courte série de conférences, d'approfondir ou de toucher même toutes les questions qui sont du ressort de la science économique. C'est beaucoup déjà de faire apparaître, à propos de quelques-unes des plus intéressantes et des plus essentielles, les principes invariables et suprêmes qui, pour les intelligences vraiment droites, sont la clef toujours sûre de toutes les difficultés et la pierre de touche infaillible de toutes les solutions.

Cela étant, il n'y a pas à s'étonner que M. Passy ne se soit pas, comme nous aurions pu nous y attendre, arrêté à argumenter longuement contre le communisme. Une courte anecdote, empruntée aux spirituelles *Lettres sur la Russie*, de M. G. de Molinari, a été à peu près sa seule réfutation ; et c'est aux ours savants de Moscou qu'il a laissé le soin de cette partie de sa tâche. L'économie politique de ces animaux, après tout, en vaut bien une autre. Le maître leur demande-t-il comment les paysans vont à la corvée? Ils prennent un air piteux, lèvent languissamment une patte, puis une autre, respirent avec effort, et finissent par se coucher. Le maître demande-t-il, au contraire, comment le paysan va cultiver *sa* terre? L'ours se relève d'un bond, prend un air joyeux, et se met à courir. Et les spectateurs de rire. Ainsi ont fait les auditeurs, et c'était assez.

En revanche, le professeur s'est beaucoup étendu sur ce grand et magnifique phénomène de la communauté naturelle et de l'égalisation progressive, si merveilleusement développées par Bastiat dans le chapitre « *Propriété, communauté*, » de ses immortelles Harmonies, et dans lequel on doit, nous semble-t-il, voir l'idée dominante et inspiratrice de ce chef-d'œuvre inachevé.

La racine du communisme, a dit, après Bastiat, M. F. Passy, c'est cette vue superficielle et fausse qui nous fait voir dans la propriété individuelle une *restriction* de la jouissance naturelle des dons de la Providence ; l'attribution exclusive, — *privative*, par conséquent, — à quelques-uns seulement, de biens *préexistants* et destinés à tous. Le remède du communisme, dès lors, c'est cette vue profonde et vraie qui sait saisir, dans l'*appropriation* plus ou moins difficile dont la *propriété* est le mobile et la récompense, une adaptation graduelle à l'usage de l'homme de choses d'abord inutiles pour lui, et, par suite, une *extension* et comme une *formation* correspondante du domaine de tous

C'est à cette vue plus vraie que le professeur, par la patiente et forte analyse qui avait rempli les deux précédentes leçons, avait évidemment voulu préparer nos esprits. C'est elle que, dans cette troisième leçon, il a achevé de dévoiler à nos regards en nous faisant remarquer, parmi ces choses, qu'à raison de leur qualité commune d'être *utiles*, nous sommes trop enclins à confondre, deux classes bien distinctes d'utilités : celles qui viennent à nous spontanément comme l'air respirable à nos poumons, et avec la *gratuité* naturelle et inaltérable desquelles la Propriété n'a rien à démêler, précisément parce que, ne *coûtant* rien, elles n'ont pas de *valeur* ; — celles, au contraire, vers lesquelles nous devons aller par la science, par le travail ou par la dépense, qui ne nous *servent* qu'autant que nous avons réussi à nous les *asservir*, et qui seules forment le domaine de la possession limitée et échangeable, précisément parce qu'étant onéreuses à acquérir, elles représentent, pour qui les désire, comme pour qui les détient, ou la rémunération d'une *peine prise* ou la dispense d'une *peine à prendre*.

« *Les utilités*, pour parler encore comme Bastiat, *nous entourent de toutes parts* ; *mais* IL FAUT SE BAISSER POUR LES PRENDRE ». C'est l'intérêt personnel, c'est l'esprit de propriété, qui, par l'incitation du besoin à apaiser ou par l'appât d'une satisfaction à réaliser, pousse l'homme à s'imposer l'effort nécessaire pour les recueillir ou les faire apparaître. Le résultat, — la possession indiv⋅duelle d'un bien nouveau, — est, assurément, un avantage qui est *propre* à son détenteur. Mais, d'une part, cet avantage est la récompense directe et prévue d'un effort méritoire, qui n'a été accompli qu'en vue d'elle ; et, d'autre part, il n'est acquis aux dépens de personne, puisqu'on ne peut usurper que ce qui est déjà possédé, et que c'est dans l'inépuisable champ des utitités inconnues et des forces insoumises que 'est allée puiser la Propriété. Il est clair, même, que ce n'est pas pour elle seule qu'elle l'y a puisé. En réalisant cet avantage, qui d'abord semble exclusif, elle a montré la possibilité d'une conquête encore ignorée ou douteuse; frayé ou aplani, la voie à des efforts analogues ; apporté sur le commun marché de nouvelles valeurs et de nouveaux produits, qui ne seront entre les mains de leur détenteur que des moyens d'échange contre d'autres va⋅leurs ou des moyens d'exploitation par le travail. qui, dès lors, accroissent d'autant et les ressources de la consom⋅mation et celles de la production.

C'est par ce rayonnement — involontaire le plus sou⋅vent, sans doute, mais inévitable et bienfaisant, — que la Propriété, bien loin de constituer un empiètement sur le patrimoine commun, se trouve être, au contraire, l'agent infatigable qui forme et accroît sans cesse ce patrimoine. Et c'est ainsi que les conquêtes successivement réalisées par elle, après avoir, comme il est naturel et juste, été réservées d'abord, pour une part notable, à ceux-là mêmes dont elles sont l'œuvre, fondent pour ainsi dire peu à peu entre leurs mains pour passer à tous.

Ce qui constitue l'imperfection et la misère du genre

humain, en effet, c'est l'*obstacle* qui sépare pour lui la réalisation d'un désir de sa conception, la satisfaction d'un besoin du moment où il est ressenti. Or, le genre humain est progressif et perfectible, et, dès lors, l'*obstacle* n'est pas pour lui une quantité invariable et absolue. Il s'amoindrit. La *peine* s'amoindrit avec lui — et le *service* avec la peine, — et la *valeur* avec le service — et la PROPRIÉTÉ avec la valeur. *Et l'utilité reste la même* ; — donc la GRATUITÉ et la COMMUNAUTÉ ont gagné tout ce que l'ONÉROSITÉ et la PROPRIÉTÉ ont perdu (1). A qui se refuserait encore à le comprendre, il n'y a qu'à faire l'énumération des plus simples consommations du dernier des hommes dans une société civilisée, et à demander combien de mois, d'années, ou de siècles de travail, — si chacun devait lui-même arracher en toute liberté son existence à la nature, — n'exigeraient pas ce pain noir, ces vêtements grossiers, cet abri imparfait et ces pauvres ustensiles qu'il a, grâce au mécanisme merveilleux de l'échange, payés seul, et payés tout entiers du modeste labeur de quelques jours ou de quelques heures. Si chacun de nous, à quelque degré qu'il se trouve placé, peut ainsi aisément constater une disproportion prodigieuse entre ses efforts et les résultats de ses efforts, entre ce qu'il pourrait se procurer par ses seules forces et ce qu'il puise dans un milieu social perfectionné par les travaux des générations antérieures, n'est-ce pas que nous sommes tous, jusqu'au dernier, les héritiers de ces générations disparues, et qu'à côté de la transmission visible qui fait passer au fils les biens du père, il y a une autre transmission mystérieuse et universelle qui dissémine incessamment entre tous les hommes, en vertu de leur parenté primitive, l'héritage de chacun ?

Ces réflexions, d'une si manifeste évidence pour tout esprit non prévenu, facilitaient singulièrement au profes-

______

(1) Bastiat, *Harmonies*, 2ᵉ édition, p. 128.

seur la seconde partie de sa tâche. Aussi n'a-t-il pas cru devoir s'y arrêter longtemps et n'a-t-il pas eu de peine à faire sentir à tout son auditoire ce qu'il y a de véritablement sacré dans l'hérédité, ce qu'il y a d'insensé et de sacrilège dans les attaques dirigées contre elle. La transmission n'est que le second degré de la possession, le développement de la tige dont celle-ci est le germe ; et c'est en en *disposant* que nous jouissons le plus fréquemment et le plus réellement de la propriété.

S'il est utile et juste que nous puissions, sans crainte de la spoliation et de la violence, employer notre vie d'aujourd'hui à préparer notre vie de demain, comment ne serait-il pas dangereux et inique que nous fussions empêchés d'étendre au-delà de nous-mêmes et notre prévision et nos efforts, et d'employer notre vie personnelle à préparer, à agrandir, à embellir la vie de ceux qui sont la continuation et la représentation de nous-mêmes ?

Abolir l'hérédité, c'est tuer la poule aux œufs d'or, en enlevant à l'activité individuelle un de ses plus énergiques aiguillons. C'est arrêter dans leur source tous les travaux de longue haleine. C'est combattre à mesure qu'elle se forme cette végétation successive des générations, qui élève chacune sur les précédentes, comme la pousse tendre de l'année sur la pousse durcie de l'année antérieure. C'est, enfin, refuser à l'homme la plus belle et la plus haute de ses prérogatives, la persistance du principe immortel qui vit en lui ; insulter, par une violation *actuelle* de ses droits, à la personnalité, « invisible », mais présente de l'âme, qui a quitté son enveloppe matérielle ; ravaler, en un mot, l'humanité, — en isolant brutalement les anneaux de cette chaîne sans fin qui la constitue, et ne laissant plus subsister dans ses membres que des ombres d'un jour et des apparitions sans passé et sans avenir, — à la condition de ces animaux pour qui le présent est tout et qui ne savent ni remonter en arrière par la gratitude ni s'étendre en avant par la prévoyance.

QUATRIÈME LEÇON.

Grande propriété. Droit d'ainesse. — Fidèle aux indications données par lui, à la fin de sa précédente leçon, M. F. Passy a, dans celle-ci, parlé du droit d'aînesse et de la grande propriété. Il doit en reparler encore, car l'importance de cette double question ne lui a pas permis de a traiter en entier ; et il aura, avant de passer à la discussion du partage égal, à compléter,notamment,ce qu'il a commencé à dire du morcellement.

Sans chercher à faire l'histoire de l'hérédité, histoire difficile et longue, et qui serait plutôt du ressort d'une chaire de législation comparée, le professeur a commencé par montrer le testament, d'abord inconnu chez les peuples anciens, apparaissant peu à peu en Asie sous l'influence du droit talmudique et musulman, en Grèce avec les lois de Solon, à Rome avec celle des 12 Tables ; modifié plus ou moins heureusement selon les épcques diverses de la législation romaine ; restreint pendant le moyen-âge, pour les biens nobles,par le droit d'aînesse et par la juridiction ecclésiastique, pour les biens des vassaux, par les droits seigneuriaux et par les dîmes (encore incomplètement effacées en Angleterre même à l'heure qu'il est), nié enfin pour les étrangers, jusqu'à la Révolution française, par cette spoliation publique qu'on appelait le droit d'aubaine. Il l'a fait voir d'abord sans raison d'être dans l'indivision de la vie patriarcale ; naissant et s'accusant de plus en plus, à mesure que se marquent, avec la complication croissante d'un Etat social plus avancé, la distinction des biens et celle des personnes, et traduisant à chaque époque, par une extension nouvelle de la liberté de tester, l'extension graduelle de la personnalité humaine et son prolongement jusqu'au delà du tombeau. Si cette liberté vers laquelle marchent visiblement les législations

modernes n'est pas encore complète, la cause, suivant
M. Passy, n'en est pas, à vrai dire, dans des considérations
économiques ; elle est surtout dans deux préoccupations
politiques opposées, et, à son avis, excessives : une préoccupation aristocratique qui voit dans le droit d'aînesse un
moyen artificiel de maintenir ou de reconstituer de vieilles
influences, une préoccupation ultra-démocratique qui, par
crainte de la prolongation ou du retour de ces influences,
cherche dans le partage obligatoire un moyen de nivellement et d'égalisation forcée. Ni l'une ni l'autre de ces
préoccupations n'est justifiée par la raison et par les faits,

L'histoire est visiblement contre le droit d'aînesse,
puisque, jadis en vigueur dans presque toute l'Europe, ce
régime a peu à peu cédé la place à un régime moins
inégal. Quelques parties du Nord de l'Allemagne et l'Au-
triche sont à peu près, a dit M. Passy, les seuls pays où il
règne véritablement encore. Quant à l'Angleterre, dont
l'exemple est le plus souvent allégué en sa faveur, il s'en
faut bien que les idées généralement admises à son sujet
soient exactes. La législation anglaise n'est pas uniforme.
Dans le comté de Kent, en Irlande, dans les îles de la
Manche, règne la loi de Gavelkind, qui prescrit le partage
entre les mâles. Dans quelques localités, c'est la coutume
de Juveigneur, qui confère un minorat au plus jeune enfant. La loi commune enfin, que l'on a généralement en
vue, n'a aucun caractère impératif. Elle donne, il est vrai,
à défaut de testament, les biens immeubles à l'aîné ; mais
ces immeubles, dans lesquels ne figurent ni les docks, ni les
mines, ni les canaux, ne sont, en moyenne, que la moindre
partie des fortunes, et il dépend des pères de disposer des
immeubles mêmes comme ils l'entendent.

La vraie règle, c'est la liberté absolue du testateur ; et
presque tous les Anglais font leur testament Si, comme cela
est vrai, beaucoup font héritiers des aînés, c'est donc l'effet
de leur volonté ou de la coutume ; ce n'est pas une prescription aveugle de la loi. Ils peuvent, par conséquent, par des

dispositions accessoires, obvier à une partie des inconvénients de la primogéniture, et atténuer plus ou moins, par la répartition des biens meubles, ou même par des assignations sur le revenu des biens immobiliers, la différence trop grande des fortunes.

Il n'en est pas moins vrai que l'inégalité est ordinaire, surtout dans les familles riches, et que, pour l'aristocratie anglaise au moins, la distance entre l'aîné et les cadets, sans être imposée par la législation, subsiste d'une manière très marquée. C'est à cette inégalité, précisément, qu'en Angleterre encore, et davantage, peut-être, sur le continent, on attribue, avec la grandeur politique de l'Angleterre une influence décisive sur la richesse industrielle et agricole de ce grand pays. Les motifs le plus habituellement mis en avant sont : la stabilité et l'indépendance des familles, l'énergie communiquée aux cadets par le désir de se faire, par leurs efforts, une situation qui les rapproche de leurs aînés, la nécessité de fortunes considérables et assurées pour l'encouragement des arts, des sciences et de l'industrie, et surtout l'importance de la grande propriété pour la prospérité de la culture.

Les premiers de ces arguments sont, au fond, d'assez peu d'effet sur des oreilles françaises. Et le professeur ne s'est pas longtemps arrêté à les réfuter. Quelques mots lui ont suffi pour rappeler que, si la stabilité d'une situation privilégiée et l'habitude de « tenir son rang » ont des avantages, elles ont aussi des inconvénients, qui souvent les valent bien ; que si l'inégalité est nécessaire et si les grandes fortunes ont leur utilité, l'inégalité naturelle est seule bonne, parce qu'elle est seule inattaquable. Elle suffit parfaitement d'ailleurs, avec l'association, dont les forces croissent chaque jour, à toutes les grandes dépenses jadis réservées exclusivement à la richesse ancienne. Enfin, si la pauvreté stimule, elle accable aussi ; et à supposer ce stimulant aussi efficace et aussi nécessaire qu'on le prétend, la conclusion logique serait de dépouiller

aussi les aînés pour les enrichir, ce qn'on n'a pas encore
entendu proposer.

La vérité, a-t-il dit, en s'appuyant des plus irrécu-
sables témoignagnes de Bastiat, de Rossi et de l'illustre
duc de Broglie, c'est que le droit d'aînesse impose
à ceux qui en ont le bénéfice, comme condition de la
jouissance paisible de leurs avantages, l'obligation de
mettre leur influence au service du reste de la famille, et
que c'est, en réalité, sur la fortune publique, par l'armée,
par la magistrature, par l'administration, par l'Eglise ou
par les Colonies, que se prélèvent les lourdes compensations au prix desquelles se maintient ce que l'on a appelé
« l'universelle et parfaite résignation des cadets ». Quelle
qu'elle soit, d'ailleurs, cette résignation n'est pas assez
pour la famille ; et, sans être aucunement injuste envers
une grande nation, on peut, à ce foyer superbe où un seul
enfant se sent chez lui, d'où les autres, comme étrangers
en naissant, sont destinés à s'exiler et toujours prêts à
partir, et où le père lui-même, simple usufruitier, semble
parfois, à l'héritier nécessaire, un hôte importun, préférer
hautement le foyer plus modeste dont l'avenir est précaire
comme le nid annuel de l'oiseau, mais qui, comme ce nid
aussi, abrite également et réchauffe d'une même chaleur
tous les membres de la famille.

L'argument, plus directement économique, de l'intérêt
agricole a davantage arrêté le professeur. Il trouvait là, en
face de lui, la question si controversée du morcellement,
et il ne pouvait la traiter légèrement. Sur ce terrain aussi,
le droit d'aînesse lui a paru peu justifié, et, bien qu'il lui
reste encore, nous l'avons indiqué, tout un côté du débat
à examiner, nous pouvons dire, dès maintenant, que l'égalité habituelle est sortie victorieuse de sa discussion.

C'est à tort, d'abord, a-t-il fait observer, avec la plupart
des hommes compétents, que l'on attribue à la grande
culture une supériorité naturelle et générale sur la petite.
La culture est chose variable, selon les lieux, selon les

produits et les temps, et c'est ici telle ferme, là telle autre
qui est préférable. Toute tentative pour lui prescrire des
dimensions normales est vaine ; mais les résultats généraux, de l'aveu de M. de Lavergne même, plaident beaucoup plus en faveur de la petite que de la grande. « Partout ailleurs qu'en Angleterre, les très grandes propriétés
ont fait plus de mal que de bien à l'agriculture, et, en
Angleterre même, c'est à la moyenne, beaucoup plus qu'à
la grande, que sont dus les progrès les plus remarquables.
En général, c'est par la division que le progrès s'est manifesté et se manifeste ».

C'est à tort encore, a fait remarquer le professeur, que
l'on confond la grande ou la petite propriété avec la
grande ou la petite culture. Ce sont choses fort distinctes.
La propriété peut être immense, et la culture très mor-
celée ; la propriété divisée et la culture concentrée. Plus
d'un pays, l'Irlande entre autres, offre l'exemple de ce contraste. La vérité est que la culture tend toujours à s'organiser sous la forme la plus convenable, et que, si la cons-
titution de la propriété facilite ou entrave ce mouvement,
elle n'a pas la vertu de l'arrêter ou de l'imposer par elle
seule.

Puis le produit net n'est pas tout, même au point de
vue purement matériel. Et c'est beaucoup pour la sécurité
sociale, que l'existence d'une population assise sur le sol ;
attachée par de véritables racines à cette terre qui, seule
à ses yeux, a le caractère de la propriété comme elle en
porte le nom ; en possession d'une ressource supplémen-
taire pour les jours ordinaires, d'un asile pour les mauvais
jours ; maîtresse d'un chez soi où s'élève et grandit la famille, retenue à un point fixe et gravitant autour d'un
centre ; soumise, enfin, par l'influence quotidienne et irrésistible de la terre, à ces préoccupations habituelles de
l'avenir et à ces longues pensées qui agrandissent et élève
l'homme. Si la conservation du foyer domestique, du *home*
ou de l'*estate*, est désirable chez le riche, combien plus ne

l'est-elle pas chez le pauvre ? Et ne sait-on pas que c'est en donnant à leurs ouvriers le désir et les moyens de devenir propriétaires, que les honorables manufacturiers de l'Alsace ont commencé une des plus belles œuvres de notre siècle ? Un beau passage de Rossi, cité à l'appui de ces considérations par M. Passy, a vivement et justement impressionné l'auditoire.

Il reste un dernier point à éclaircir : c'est le nombre même de ces petits propriétaires accusés d'émietter le sol en se le partageant, et l'état réel de ce morcellement, qui, dit-on, met tout en poussière. C'est ce point que l'heure avancée n'a pas permis au professeur d'aborder. Il doit le faire avant d'examiner à son tour la législation française du partage, non seulement égal, mais obligatoire, à laquelle il nous a laissé pressentir que la science économique ne donne pas non plus une approbation sans réserve. Nous croyons pouvoir, sans empiéter sur cette leçon, induire des dernières paroles du professeur que, sur ce point réservé, ses conclusions ne seront pas en désaccord avec le reste de sa leçon, et que l'histoire et la statistique, sincèrement consultées, sont loin de confirmer les assertions chaque jour émises, avec autant de légèreté que d'aplomb, sur le progrès de ce qu'on appelait déjà, au siècle dernier, « l'égale et inquiétante division des héritages ».

CINQUIÈME LEÇON.

Nous avions raison de penser que la dernière partie de l'étude entreprise devant nous sur la question du morcellement ne contredirait pas les premières, et que nous ne trouverions, dans l'intérêt agricole bien compris, aucun argument sérieux en faveur du droit d'aînesse. Après avoir entendu la discussion, aussi calme qu'impartiale, à laquelle M. F. Passy s'est livré sur ce point au début de la dernière leçon, il est impossible de conserver à cet égard le moindre doute ; et, si quelque chose étonne à juste titre, c'est qu'on ait pu si longtemps, qu'on puisse encore tous les jours, émettre et soutenir des assertions auxquelles l'histoire, depuis près d'un siècle, ne cessa de donner les plus éclatants démentis. Les paroles d'A. Young, de Necker, de Turgot, les doléances des sociétés d'Agriculture et les rapports des intendants, prouvent que sous l'ancienne monarchie le morcellement et le partage égal des héritages (en vigueur pour les biens non nobles) provoquaient précisément les mêmes craintes et les mêmes reproches que de nos jours. Les recherches patientes et décisives de Tocqueville démontrent que déjà, dans beaucoup de villages, le nombre des propriétaires fonciers, *pour une population moindre de plus d'un quart*, s'élevait à la *moitié*, souvent aux *deux tiers* du nombre actuel ; et qu'ainsi , comme le dit l'illustre publiciste, et comme le répète après lui M. de Lavergne, « l'effet de la Révolution a bien moins été de diviser le sol que de le libérer pour un moment. » Enfin, tous les hommes vraiment impartiaux et compétents qui ont examiné de près les relevés successifs des cotes foncières pendant le cours du xixᵉ siècle. — MM. de Lavergne, Wolowski, H. Passy, Modeste, Rossi, Legoyt, directeur de la statistique, etc. — sont arrivés uniformément à cette conclusion, qu'en déduisant du chiffre total les cotes afférentes aux propriétés bâties, et sans avoir égard même au fait de la possession de plusieurs lots par les mêmes propriétaires, l'accroissement du nombre des parcelles est assurément inférieur à l'accroissement de la population, peut-être absolument nul. Constatation dont l'importance s'accroît encore lorsqu'on observe, comme n'ont pas manqué de le faire la plupart de ces hommes distingués : 1° que la très grande majorité des cotes, par la petitesse même de leur chiffre, (5.500.000 au-dessous de 5 francs), ne représente guère que des cours ou des jardins, et qu'ainsi c'est surtout dans les 400.000 *cotes au-*

dessus de 100 fr. *comprenant à elles seules les deux tiers du sol cultivé*, et donnant une moyenne de 80 hectares par propriété, que réside la véritable agriculture ; 2° que l'accroissement du travail et du rendement ayant singulièrement accru, depuis un demi-siècle, la valeur économique du sol, la même étendue superficielle, constitue en réalité une propriété beaucoup plus grande, et qu'ainsi « le cultivateur, au lieu d'avoir, comme on le dit, une exploitation moindre, et d'être réduit à l'impuissance par cette diminution d'étendue, a devant lui plus de terre réellement exploitable, plus de travail à faire, et plus de pouvoir » (1). Nous assistons donc, dit avec raison l'auteur de ces lignes, M. Modeste, non à une division indéfinie et excessive des propriétés et des cultures, *mais, au contraire, à un accroissement réel et constant des propriétés et des exploitations agricoles* ». Qu'on abandonne à *son cours naturel* la division des héritages, dit à son tour M. Droz (2), et l'on obtiendra ce que demandent une abondante formation et une sage distribution des richesses. On aura, « comme il convient, et dans leur hiérarchie nécessaire, de petites, de moyennes et de grandes propriétés; et l'on se trouvera garanti également de l'excès du morcellement et de celui de l'agglomération. »

Cet abandon des choses à leurs cours naturel, qui est dans toutes les questions la conclusion de la science économique, a-t-il été suffisamment respecté par la loi française ? Le *partage égal* recommandé pareillement par la morale et par l'intérêt, conforme aux indications de la nature et à la bonne harmonie de la famille, comme à la meilleure répartition des capitaux et des immeubles, doit-il résulter seulement de la sagesse et de l'équité des pères, ou, à défaut des dispositions prises par eux, d'une présomption naturelle de leurs intentions ? Doit-il, au con-

____

(1) V. Modeste *Sur le Paupérisme*, p. 215 et suiv.
(2) Droz. *Economie politique*, livre II, chapitre. II.

traire, comme l'ont pensé, *en dépit des observations du Premier Consul*, les rédacteurs du code civil, être imposé d'une manière inflexible, sauf une portion plus ou moins restreinte, par les prévisions absolues du législateur ? C'est cette grave question que, dans la seconde partie de la leçon, M. Passy a franchement abordée. Il s'est, comme nous l'avions pressenti, prononcé pour *la liberté complète de tester* ; et, tout en rendant justice aux excellentes intentions qui ont inspiré les auteurs du Code, tout en reconnaissant d'ailleurs que le débat, même parmi les économistes les plus ennemis de toute intervention de la loi dans le domaine de l'activité et de la fortune privée, est encore loin d'être terminé, il n'a pas hésité à critiquer, avec beaucoup de vivacité et d'insistance, les dispositions restrictives de la *quotité disponible* et le droit à l'héritage qui, sous le nom de *réserve*, se trouve chez nous établi et consacré au profit des enfants et des ascendants.

Les principaux griefs articulés par le professeur contre la substitution de la sagesse légale à la sagesse individuelle en cette matière, sont, — indépendamment de sa méfiance générale contre toute réglementation uniforme des diversités si grandes des situations et des intérêts privés — que cette réglementation, (nécessairement arbitraire, puisqu'il n'y a aucun motif pour fixer la réserve à tel chiffre plutôt qu'à tel autre), bien loin d'atteindre le but qu'on s'est proposé en y recourant, va directement contre lui ; car elle blesse et méconnaît à la fois : 1° l'autorité paternelle, 2° la justice, 3° l'égalité, 4° l'intérêt économique de la bonne distribution et de la bonne exploitation des biens, et 5°, enfin, le droit de propriété et la liberté individuelle.

Le tort fait à l'*autorité paternelle* est manifeste, a dit M. Passy. Ne pouvoir pas disposer *du tout* de sa fortune, et ne pouvoir influer *en rien* sur la bonne ou mauvaise situation de ses enfants, comme le voulait le décret du 7 mars 1793, ce serait évidemment n'être ni le chef de la famille, ni le maître de sa fortune ; ne le pouvoir *qu'en partie*, comme le veut le code, c'est n'avoir *qu'en partie* ces attributions et ces prérogatives essentielles. La déférence et la gratitude en sont nécessairement affectées d'autant dans le cœur des enfants, tenant leur situation de la loi beaucoup plus que de la volonté du père ; et avec elles l'activité, la prévoyance, et le sentiment si précieux de la responsabilité.

La *justice* n'est pas moins blessée ; car, s'il importe que tout, dans les sentiments des pères comme dans la situation des enfants, tende autant que possible à l'uniformité, cette uniformité cependant, comme toute règle générale, a ses exceptions, et elle n'est pas toujours possible ni équitable. Il y a des enfants qui méritent ; il y en a qui déméritent ; et le contraste peut être tel qu'il exige, au nom de la justice, au nom de l'affection même, des traitements différents. Le père ne saurait être, sans atteinte à ses droits et à ses devoirs, dépouillé de la faculté de prononcer à sa mort un jugement suprême, ou d'assurer peut-être, par une dernière mesure de prudence, à la misère incurable du prodigue la ressource de la richesse bienveillante du sage.

L'*égalité* réclame de même. Et l'égalité obligatoire n'est qu'une égalité apparente, obtenue aux dépens de la vraie : car la succession visible n'est pas tout ; l'inventaire après décès ne peut mentionner qu'en partie ce qui réellement doit entrer en compte. Les enfants ont pu recevoir, sous mille formes, pendant la vie du père (et sous des formes qui échappent au *rapport*), des avantages qui motivent des *compensations* ; et leur situation à sa mort peut aussi exiger, d'une affection vraiment équitable, l'atténuation d'inégalités trop marquées. Il suffit à cet égard de rappeler combien sont divers les dons de la main à la main, les chances des mariages et mille autres circonstances plus ou moins étroitement dépendantes de la conduite du père lui-même.

L'intérêt économique n'est pas davantage douteux. La division obligatoire, avec ses formalités inévitables, ses frais, ses lenteurs, ses inventaires, est, à l'ouverture des successions, une source constante d'embarras, de difficultés et de pertes. La perspective de cette division, la nécessité du rapport, constituent, pendant la vie même du père, pour tous les biens venant de lui, une cause d'incertitude qui en paralyse à la fois l'exploitation et la transmission. Aussi l'économiste anglais Mill n'a-t-il pas craint d'appeler le partage obligatoire une *substitution légale au profit de la famille entière, substitution aussi peu justifiée*, dit-il, *que celle au profit d'un seul de ses membres.* C'est, de plus, personne ne l'ignore, une cause fatale de brusques revirements dans les fortunes, une occasion de fraudes nombreuses, et l'origine de la majeure partie peut-être des querelles et des haines de famille.

Quant à la violation du *droit de propriété* et de *la liberté individuelle*, elle saute aux yeux. On n'est pas pleinement propriétaire quand on ne peut pas disposer de tout ce qu'on possède ; on n'est pas pleinement libre quand on ne peut pas faire tout ce qu'on veut de son bien et de son temps. M. Passy a cru cependant devoir insister sur ce point, en montrant combien sont, en réalité, inconséquentes et pernicieuses les prétendues précautions de la loi. Un père, a-t-il dit, peut faire ce qu'il veut de sa fortune pendant sa vie, et il n'y a aucun moyen de l'empêcher d'exhéréder ses enfants en se ruinant ou en dénaturant ses biens (ce qu'il fait quand il est réellement animé de mauvais sentiments à leur égard). Mais il ne peut, après leur avoir par son travail donné une aisance ou même une richesse, qu'il était maître de ne pas leur procurer, employer librement ses dernières années à travailler pour la *société*, pour la science, pour l'honneur de son nom et du leur ; laisser après lui, à l'abri des partages, des formalités et des expertises, une collection de plantes ou de pierres, de tableaux ou d'animaux, une bibliothèque, un hôpital, une église ou une école ; assurer même, s'il y tient, par quelques avantages plus apparents que réels, et d'ailleurs profitables à tous, la conservation dans la famille du toit paternel et le maintien d'un lieu habituel de ralliement et d'une influence morale lentement acquise et devenue l'une des meilleures parts du patrimoine commun.

L'exemple de l'Amérique du Nord, le seul pays peut-être où la liberté de tester soit réellement complète, et celui peut-être aussi où les successions sont le plus équitablement et le plus utilement partagées, prouve qu'il y a plus d'avantages que d'inconvénients dans cet exercice de la volonté du père de famille. Le triomphe très général et irrévocable des habitudes d'égalité parmi nous ne permet pas davantage de s'en alarmer en France. Et, sauf quelques portions de territoire (les Basses-Pyrénées par exemple), où des motifs spéciaux et fort plausibles maintiennent parfois, de l'aveu de tous les enfants, et en dépit du code, une sorte de primogéniture ou d'indivision patriarcale, tous les relevés statistiques s'accordent à démontrer que ce n'est qu'exceptionnellement que la quotité disponible, quelque restreinte qu'elle soit, est épuisée ou même entamée par les testateurs. « Il est difficile, en effet, a dit Rossi, partisan de la réserve pourtant, d'imaginer un père dépouillant complètement un ou plusieurs de ses enfants, *sans que cette détermination ait eu pour mobile une influence illégitime.* » Les influences illégitimes sont du ressort des tribunaux, non de la loi. Et l'appréciation des faits particuliers, en cas de contestation, par les magistrats, suffirait toujours, ainsi qu'on doit le désirer, à protéger les enfants contre de coupables manœuvres, comme à leur garantir, non une quote part à la fixation de laquelle on cherche vainement un motif, mais une *provision* honorable et des *aliments* en rapport avec la situa-

tion de leur famille, et les prévisions légitimes qu'elle a
dû concevoir pour eux lors du mariage de leurs auteurs.

Telles sont, autant qu'il est possible de les indiquer dans
une sèche analyse, les raisons qui, aux yeux de M. F. Passy
(et d'un nombre chaque jour croissant d'économistes,
a-t-il ajouté), militent en faveur de la liberté de tester.
Deux motifs seulement, à l'en croire, auraient jusqu'à
présent empêché cette liberté de prévaloir. Ce sont, —
avec la préoccupation bien naturelle, mais fort superflue
et peu efficace, de l'intérêt des enfants, — la crainte du
retour d'un passé proscrit, et la survivance de ce que le
jurisconsultes appellent le *domaine éminent*, c'est-à-dire
la vieille idée d'un droit de l'Etat supérieur au droit des
citoyens sur les propriétés privées.

La crainte démocratique a-t-elle jamais été fondée ? La
Convention, pour faire prévaloir le *régime* nouveau qui
avait ses préférences, a-t-elle (comme le dit M. J. Simon,
dans son livre de *La Liberté*), été dans la douloureuse
nécessité de *mettre la main sur la propriété privée, de
restreindre, par un coup d'autorité*, dans la main du
citoyen, *le double droit du propriétaire et du père de
famille*, et de *fonder la démocratie aux dépens de la
liberté* ? » M. Passy ne le pense pas. Les mesures de salut
public ne sont pas de son goût, et il n'admet, à aucun
degré et dans aucun cas, cette maxime, ressuscitée de nos
jours sous le nom de *Souveraineté du But*, d'après
laquelle *la fin justifierait les moyens*. Mais, que le péril
ait existé ou non, il n'existe pas désormais, et le temps
des représailles devrait être passé.

Quant à l'idée du *domaine éminent* (en vertu de laquelle
l'Etat, maître de tout, mais responsable de tout, n'est plus
que l'instrument, sans cesse disputé, de l'asservissement
et de la spoliation réciproques), ce n'est rien moins que
la négation même de toute propriété et de tout droit privé.
Il faut que cette idée fatale disparaisse des esprits, et que
le *droit social* soit répudié sans retour au profit du droit

individuel, si l'on veut voir s'évanouir enfin toutes les rêveries et tous les systèmes de remaniement artificiel qui n'en sont que l'application et la conséquence. *La loi est la justice* (1), assurant impartialement à chacun le libre exercice de son activité personnelle et la libre jouissance des fruits de cette activité. Elle n'est ni le moteur de nos actes ni le distributeur de nos biens ; et elle ne peut prétendre à le devenir sans fouler aux pieds aussitôt, au détriment de la richesse, comme au mépris du droit, et le ressort même de nos actes et toute la sécurité de nos biens. C'est le dogme capital de l'économie politique comme de la morale, et c'est, a dit en terminant le professeur, avec l'adhésion manifeste de tout son auditoire, le seul fondement solide et avouable de l'ordre et de la tranquillité publique.

SIXIÈME LEÇON

Le sujet de la sixième leçon [était LA PRODUCTION. Le professeur, suivant son habitude, a commencé par préciser et analyser ce terme en montrant ce que c'est que *produire* ; et devant cette analyse se sont dissipées peu à peu comme d'elles-mêmes les notions fausses et dangereuses qui, trop souvent, se rattachent à cette idée et à ce mot mal compris. Produire, a-t-il dit, ce n'est évidemment pas *créer*, puisque l'homme ne fait rien de rien, ni dans l'ordre moral, ni dans l'ordre matériel, et qu'il lui est également impossible de tirer du néant une pensée ou un atome. C'est *modifier* ; et, puisque c'est de bien-être qu'il s'agit, modifier pour l'avantage de l'homme. Observer, saisir, combiner, séparer, et, pour tout dire d'un seul mot, *déplacer*, voilà à quoi se borne le pouvoir de l'homme. Il n'a à lui, il ne peut mettre dans le monde par conséquent,

---

(1) Bastiat, *La Loi.*

qu'une seule chose : du *mouvement*; et c'est par le mouvement qu'il accomplit toutes ses œuvres. Il meut, par exemple, son corps vers un objet, ou un objet vers un autre, l'alcali vers l'acide, l'animal vers le fardeau, la graine vers le sol, l'outil vers l'arbre, le feu vers le combustible, ou l'eau vers le feu ; les effets suivent, et le résultat paie l'intelligence qui l'a prévu et le travail qui l'a provoqué. Dieu, par le privilège de sa toute-puissance, a fait *de rien quelque chose*; l'homme, par la vertu de l'activité intelligente et libre qui lui a été départie, fait *de quelque chose autre chose*; et tout pour lui se réduit à des *façons* : façons plus ou moins nombreuses, plus ou moins heureuses, mais façons toujours, et rien que façons. Les utilités préexistent; il s'agit de les atteindre et d'en jouir : tout effort est bon dès qu'il y sert, tout effort est mauvais s'il y est inutile ou nuisible.

C'est en vain, dès lors, qu'on a prétendu nier l'unité de l'œuvre humaine, et établir entre les diverses professions sociales des distinctions fâcheuses et parfois un antagonisme véritable, — réservant aux unes, par privilège, le nom de *productives*, et donnant aux autres, par opposition, la qualification de *stériles* et d'*improductives*. Dans toutes les professions, les plus basses comme les plus hautes, on peut faire de bonne et de mauvaise besogne : l'ouvrier, avec son marteau ou son métier, peut gâcher de la marchandise et *détruire en fabriquant*; le fonctionnaire, de même, peut prendre des mesures funestes et rendre au public des services de mauvais aloi, comme le professeur peut lui débiter de fausse science et le moraliste des maximes vicieuses. La bonne morale, les bons services publics et la bonne fabrication n'en sont pas moins utiles et n'en méritent pas moins le respect. Ils n'en sont pas moins, même, par certains côtés, des éléments également essentiels de la production matérielle, et des agents simultanés de richesse et de bien-être. C'est par la qualité et par les résultats, non par le nom et la forme, qu'il faut juger le travail. Du moment où une fonction est profitable ou nécessaire ; du moment où elle contribue à faire naître, à accroître, à conserver ou à répartir quelqu'un des biens utiles au développement et au soutien de la vie, il est puéril de demander si elle est productive et si elle concourt à la création de la richesse. Le mineur qui extrait la houille et les métaux du sein de la terre, le voiturier qui les transporte aux lieux où ils sont demandés ; le manufacturier ou le mécanicien qui les utilise et les transforme, l'armateur qui expédie les produits au delà des mers, le banquier qui rend possible les transactions lointaines ou à terme, l'ingénieur qui trace et entretient les routes, l'administrateur et le juge enfin dont la vigilance garantit la sécurité indispensable à toutes ces œuvres ; tous sont donc producteurs au même titre ; tous, les uns par rapport aux autres, sont des *intermédiaires* de la transmission des biens matériels ou des biens moraux, et aucun n'est autre chose qu'un intermédiaire. Ainsi se trouve mise en lumière, par une observation plus attentive et par une vue plus juste, sous les mille formes de l'œuvre humaine, l'identité fondamentale du but et la solidarité des efforts. Ainsi disparaissent, non seulement toute distinction fâcheuse entre les professions utiles, tout motif de dédain ou d'envie par conséquent, mais toute différence essentielle entre les *matière premières* et les *produits fabriqués*, et tout sujet de débat sur les traitements différents à leur faire subir. Tout est produit par rapport au travail qui a précédé ; tout est matière première par rapport à celui qui doit suivre ; la différence n'est que dans le plus ou moins de façons.

Septième leçon

Passant, dans sa septième leçon, à la manière dont s'accomplissent ces transformations successives des objets

primitifs, et entrant dans le détail des modifications si nombreuses et si rapides par lesquelles éclate aujourd'hui si
haut la puissance de l'homme, M. Passy a fait voir, après
les maîtres de la science économique, que c'est à la *division du travail* que sont dus ces résultats merveilleux. La
division du travail, a-t-il dit avec eux, c'est la simplification des tâches, le développement de l'adresse, l'épargne
du temps et du matériel, la réflexion plus entièrement
portée vers un but plus accessible, l'effort mieux dirigé
par l'habitude, la place faite aux plus faibles et aux moins
intelligents, l'intervention des machines, enfin, venant
remplacer l'action des bras à mesure que cette action
arrive à n'être plus qu'un détail automatique, et affranchissant ainsi de plus en plus l'homme lui-même du rôle
de rouage passif, pour l'élever au rang de guide intelli-
gent. Elle est donc éminemment bienfaisante, quoi qu'en
aient pu penser, à propos de quelques faits mal observés,
des esprits prévenus et superficiels. E. A. Smith ne signa-
lait pas, bien s'en faut, un résultat exceptionnel, lorsque
dans un exemple resté célèbre, — la fabrication des épin-
gles, — il montrait cette division élevant la puissance productive de l'individu, par un meilleur emploi des forces,
dans la proportion prodigieuse de 1 à 4.000. Dans bien
d'autres cas, dans la plupart, à vrai dire, on trouverait, en
calculant bien, des chiffres bien plus surprenants. Pour se
rendre réellement compte de toute la fécondité de la division du travail, ce n'est pas tel atelier et tel autre, tel
ouvrier et tel autre, qu'il faut tant bien que mal comparer
ensemble ; c'est le point de départ de l'humanité naissante
qu'il faut mettre en regard des perspectives sans limite de
la civilisation la plus avancée : c'est le dénûment de
l'homme livré à ses seules forces et incapable de défendre
sa vie contre la nature qu'il faut opposer à la puissance de
l'homme en société, de cet homme devenu le maître du
temps et de l'espace, et transformant en esclaves et en
collaborateurs dociles jusqu'aux plus secrètes puissances

de la matière et aux plus redoutables ennemis de son enfance et de sa jeunesse.

Certes, donc, A. Smith avait raison, et la puissance de la division du travail éclate singulièrement aux regards quand on la saisit, comme il l'a fait, dans un atelier ou dans une usine. Mais ce n'est là, cependant, — et le maître de la science ne l'a pas ignoré, — qu'un détail d'un plus merveilleux ensemble, qu'une feuille ou un rameau tout au plus de l'arbre immense de l'industrie humaine et de la coopération qui l'alimente. La division du travail est bien autre chose en réalité qu'un procédé d'atelier. C'est un phénomène d'une bien autre portée, et d'une bien autre étendue : le phénomène de la spécialisation des tâches. Elle est partout, cette spécialisation, d'un bout à l'autre du monde, et elle a commencé avec lui, comme elle ne finira qu'avec lui. Elle se manifeste tour à tour, selon les œuvres et les temps, entre les hommes, entre les métiers, entre les professions, entre les nations même, entre les pays et entre les siècles. Elle se confond, à bien dire, avec la diversité des aptitudes, avec l'échange, avec l'association, avec la société même, c'est-à-dire avec l'existence de l'humanité. L'homme, le plus faible et le plus dépourvu des animaux, et celui en même temps qui a le plus de besoins, ne subsiste et ne peut grandir que par elle. Réduit à l'isolement, forcé de tout faire à la fois pour lui-même, il serait incapable de résister aux causes de destruction qui l'entourent, à plus forte raison de développer son existence jusqu'à devenir le roi de la création. Mais dans sa faiblesse cet être chétif a une ressource suprême : il peut se concerter avec ses semblables ; il peut ajouter la vie à la vie, la faiblese à la faiblesse, le temps au temps et l'intelligence à la force. Par là, il s'élève au-dessus de lui-même et de ce qui l'entoure. Par là, ce qui était impossible à tous individuellement, devient facile à quelques-uns réunis : les tâches incompatibles sont séparées et les résultats les plus

inconciliables sont obtenus; les facultés diverses, mieux
appliquées, se développent; les ressources du sol, mieux
exploitées, deviennent plus fécondes; les professions se
spécialisent pour s'entr'aider; les découvertes particulières se généralisent et deviennent le patrimoine universel; les productions locales, recueillies par le commerce et par l'industrie, sont réparties sur la surface
entière du globe; la famille humaine, resserrant peu à
peu ses liens par un échange incessant de travaux et de
services, profite à toute heure, dans toutes ses parties,
des progrès de chacun de ses membres. « Et le dernier
des hommes, dans sa hutte grossière et sous ses misé-
rables haillons, porte véritablement sur lui les dépouilles
de l'univers, profite des travaux de l'humanité entière,
jouit des conquêtes des siècles, hérite des générations et
des empires, et reçoit en quelque façon, de ses communica-
cations même involontaires avec ses semblables, le don
d'ubiquité, de perpétuité, d'universalité. Pascal a dit que
l'humanité est comme un homme immense qui vivrait
toujours et qui toujours apprendrait. Grâce à la division
du travail et à ses bienfaits, ce n'est pas l'humanité seulement, c'est chacun de ses membres qui est cet *homme
immense.*

Comment se développe cette admirable harmonie qui
fait sortir l'union de la division apparente, l'unité de la
diversité, et la satisfaction de l'intérêt général des aspirations et des efforts de l'intérêt particulier? C'est ce que
doit expliquer M. Passy en parlant de la LIBERTÉ DU TRAVAIL
ET DE LA CONCURRENCE.

HUITIÈME LEÇON.

Dans la précédente leçon, M. Passy avait expliqué le
phénomène de la *division du travail*, et exposé ainsi le
mécanisme matériel de la production. Dans celle-ci il s'est

proposé d'en étudier le mécanisme moral, c'est-à-dire de faire voir à quelles conditions, sous quel régime, dans quelles circonstances, se développe le mieux et fonctionne le plus heureusement l'activité humaine. Il a, en d'autres termes, recherché quelle est la loi du travail et de la production.

La loi du travail, a-t-il dit, c'est la LIBERTÉ. Le travail est libre par essence, parce qu'il est l'acte d'un être libre ; l'homme, ne pouvant être contraint à vouloir, ne peut, sans injustice et sans dommage, être contraint à agir.

A l'appui de cette énonciation, — évidente par elle-même pour toute conscience non prévenue, mais contestée pourtant dans l'antiquité par les plus grands génies, et méconnue jusqu'à nos jours par les institutions et les lois d'une partie trop notable encore du monde civilisé, — le professeur a invoqué successivement les déclarations des philosophes, des hommes d'État et des économistes les plus justement célèbres. Il a invoqué surtout l'autorité des faits ; et, dans un rapide tableau historique, il nous a montré partout le progrès de la richesse, en rapport avec la liberté accordée au travail, la misère et la décadence en raison des entraves dont le travail a été chargé.

Les détails les plus authentiques et les plus significatifs ont donné à cette revue le caractère d'une démonstration irrésistible, et réduit à leur juste valeur les déclamations trop souvent répétées sur la richesse des anciens et sur le bien être de nos pères. La vérité, telle que l'histoire nous la fournit, c'est que le luxe immoral et relativement inouï de quelques hommes n'empêchait pas les sociétés antiques d'être profondément dépourvues et dénuées; que Sparte, en dépit des lois de Lycurgue, ou pour mieux dire à causes d'elles, a péri faute d'aliments et *faute d'hommes* (c'est Aristote lui-même qui le constate); et que Rome, après avoir soumis et pressuré le monde, s'est affaissée — dans l'épuisement — sur sa proie devenue incapable de la nourrir, expiant ainsi, par les douleurs et les hontes

de sa longue agonie, la faute et le crime d'avoir cherché
la richesse et la puissance dans la spoliation et d'avoir
déshonoré et tué le travail en le rejetant dans la servitude. La vérité, encore, c'est que chez nos ancêtres la
pauvreté était habituellement excessive, la véritable aisance rare, jusque dans les rangs les plus élevés; et que
ce n'est, en réalité, que depuis l'affranchissement encore
imparfait du travail, à la fin du siècle dernier, que le
développement du bien-être est devenu général, rapides
et sérieusement accessible au plus grand nombre.

Ce n'était pas assez de constater ces faits; il fallait les
expliquer. C'est ce que M. Passy a fait en montrant dans
le ressort infatigable et souple de la liberté le moteur et
le régulateur tout à la fois de l'activité humaine, et en
signalant en elle le *principe de l'action* et le *principe
de l'ordre*.

Deux mobiles seuls, a-t-il dit, peuvent pousser l'homme
au travail et vaincre la répugnance qui l'en éloigne : la
crainte et *l'espérance*. Tous deux agissent énergiquement
sur l'homme libre, et d'autant plus énergiquement que
sa liberté est plus entière. Un seul, la crainte, agit sur
l'homme privé de la liberté; et encore s'affaiblit-il, à
mesure que la liberté diminue, jusqu'à n'être plus que la
sensibilité décroissante de l'animal accablé de coups et
endurci sous leur douleur inévitable.

Les aptitudes, les goûts, les besoins, sont divers, a-t-il
ajouté; et telle en est la complication indéfinie et incessamment changeante, que nulle autorité ne saurait avoir
ni assez de clairvoyance ni assez de puissance pour opérer
un seul instant avec quelque succès la répartition des
tâches et des récompenses. La liberté, en mettant en jeu
sous mille formes l'intérêt personnel, fait, au contraire,
avec une merveilleuse sûreté, ce difficile classement, récompense l'habile, punit l'inhabile, stimule le paresseux,
assure une meilleure part à celui qui fait mieux, une
moindre à celui qui emploie mal ses facultés ou mécon-

naît les vrais besoins de ses semblables, et nivelle ainsi,
à toute heure, sans violence et sans secousse, les efforts
et les rémunérations. Qu'on suppose un moment l'autorité
la plus absolue et la plus habile chargée de pourvoir à
l'approvisionnement d'une ville, même de second ordre ;
elle échouera infailliblement. Qu'on laisse arriver librement les denrées, qu'on se borne, selon le mot d'un
ancien préfet de police de Paris, M. Vivien, à ne *pas s'opposer* à leur entrée, et un million de bouches trouveron;
chaque jour à point nommé ce qu'il leur faut : *l'offre* et
la *demande* se seront, d'elles-mêmes, mises en équilibre.
Cet exemple nous indique ce qui se passe sur le marché
immense du monde entier, et pour l'ensemble des productions de toutes sortes. La liberté pourvoit à tout, et
peut seule y pourvoir. Tout ce qui est fait contre elle est
fait contre le bien-être commun.

Les corporations, dont quelques personnes, qui, heureusement pour elles, ne les ont pas connues, regrettent
encore tous les jours la discipline et la hiérarchie, dont
d'autres, à leur insu, à coup sûr, rêvent, sous des noms
nouveaux et avec des formes adoucies, une imitation plus
ou moins complète ; les corporations, avec leur cortège
de règlements de toute espèce, se présentaient ici forcément à la pensée de tous, et le développement naturel du
sujet aurait demandé une étude complète sur ces vieilles
et anciennes institutions dè l'ancien régime.

Le temps, qui force le professeur à presser à regret
dans chacune de ses leçons la matière de plusieurs, ne lui
a pas permis de faire pour nous en détail, comme il l'a fait
précédemment ailleurs, cette intéressante étude, et d'éta-
ler devant nos yeux toutes les bizarreries, toutes les con-
tradictions et toutes les gênes du vieil arsenal des juran-
des et des maîtrises. Il a pu du moins dire, et jusqu'à un
certain point faire entrevoir, comment ces associations, —
nées d'abord du besoin de la mutuelle défense en des
temps de trouble et de ce sentiment naturel qui porte les

hommes occupés d'intérêts semblables à se rapprocher et à s'entendre — n'étaient plus, dès la fin du moyen-âge, et n'ont été surtout, dans les derniers siècles de l'ancien régime, que des instruments onéreux de police, de fiscalité et de monopole. Conférant aux maîtres le privilège de rançonner à la fois l'ouvrier et le consommateur, affamant le marché, gênant le travail, arrêtant l'invention et le progrès, et mettant obstacle aux perfectionnements même les plus simples, suscitant partout, en un mot, sous mille formes, pour la défense de la routine et de la cupidité, les règlements les plus abusifs et les procédés les plus vexatoires; elles méritaient à tous égards, bien avant leur chute, la réprobation dont les ont frappées nos pères, et l'opinion de Turgot sur leur compte sera l'arrêt définitif de l'histoire. C'est de leur abolition que date le véritable progrès industriel. C'est la liberté, trop incomplète encore, malgré les termes formels de la loi du 2 mars 1791, mais croissante du moins, dont jouit de nos jours le travail, qui a permis à la France, comme l'a constaté M. Droz dans une de ses meilleures pages, de réparer si vite tant de désastres accumulés; et c'est à elle, malgré bien des fautes, qu'elle a dû de marcher rapidement, comme elle le fait, vers l'enrichissement et l'amélioration du sort de tous.

Mais cette liberté, c'est la CONCURRENCE; et la concurrence est en mauvais renom. M. Passy n'a pas cherché à le dissimuler. Mais il a déclaré aussitôt, et rapidement montré, que les reproches faits à la concurrence ou ne s'adressent pas à elle, ou ne sont que la constatation de sa nécessité et de ses bienfaits. La *fraude* et la *violence* ne sont pas, a-t-il dit énergiquement, des manifestations de la liberté; et, loin d'en accuser la concurrence, on doit, au contraire, *pour laisser se produire celle-ci*, les réprimer sans pitié.

Quand à provoquer, par l'*encombrement* ou l'*appauvrissement du marché*, de brusques oscillations et des

crises funestes, la concurrence a précisément la tendance
et l'effet contraires, puisqu'au moindre signe d'élévation
ou d'abaissement des prix, elle écarte ou appelle les
objets qui surabondent ou qui font défaut. Et quant à
écraser les faibles, cela revient uniquement à dire qu'elle
laisse passer naturellement au premier rang, comme la
justice l'exige, ceux qui, par leur habileté, par leur force
ou par leur ardeur au travail, font plus ou mieux que les
autres et rendent ainsi de plus grands services. Les faibles et les inhabiles en souffrent parfois par un côté,
moins qu'on ne le croit cependant : mais tous, et eux
comme les autres, en profitent par mille, puisqu'ils par-
ticipent pour tous les produits, en tant que consomma-
teurs, à l'abondance et au bon marché généraux. Vouloir
supprimer cette infériorité des faibles et empêcher qu'ils
ne soient distancés par les forts, ce serait donc, pour le
malheur de tous, essayer de réduire l'humanité entière à
marcher au pas des traînards et la condamner à repousser
tout progrès.

La concurrence, en somme, n'est pas une puissance
malfaisante, mais une puissance bienfaisante ; ou, pour
mieux dire, ce n'est pas une force active et existant par
elle-même, c'est tout uniment l'absence d'entraves à la
liberté humaine, le respect de la responsabilité personnelle, c'est-à-dire le maintien de l'obligation imposée à
chaque homme par la Providence de faire son sort par
lui-même et de vivre à ses risques et périls. Hors de là,
évidemment — et telle a été la conclusion de cette
leçon, — il n'y a qu'arbitraire, spoliation et pauvreté.

NEUVIÈME LEÇON

Capital, salaire et intérêt.

L'homme est une force à la fois active et destructive,
une force qui se dépense et qui se répare. Il reçoit et il

donne ; il absorbe et il rend ; il produit et il consomme.
Entre ces deux termes, — produire et consommer —, qui
sont comme le flux et le reflux de la vie, il peut y avoir
égalité ou inégalité. La production peut balancer exactement
la consommation ; elle peut lui être inférieure ; elle peut
lui être supérieure. Dans le premier cas (et toutes choses
égales d'ailleurs), la condition humaine restera station-
naire ; dans le second, elle empirera ; dans le troisième,
enfin, elle s'améliorera. C'est ce troisième cas, grâce à Dieu,
qui est la loi de l'histoire, sa loi générale et d'ensemble ;
c'est lui qui, pourvu que le travail soit respecté et que la
justice et la liberté ne reçoivent pas trop de violentes atteintes, se réalise et tend à se réaliser de plus en plus ;
car les hommes augmentent en nombre ; et malgré cette augmentation de nombre, — à cause d'elle en partie, pour
mieux dire —, ils ne cessent d'accroître leur richesse et
leur bien-être. L'humanité a son produit net, source de
tous les autres.

Ce produit net de la vie humaine, cet excédent de la
production sur la consommation, nécessaire à l'amélioration ultérieure du sort des hommes, et sans lequel, d'ailleurs, tout accroissement de nombre serait manifestement
fatal ou plutôt impossible, cette épargne du travail accompli en vue du travail à accomplir, cette semence, en un
mot, prélevée sur la récolte d'hier pour préparer et agrandir la récolte de demain, c'est le *capital.*

De ce simple et incontestable énoncé, a dit le professeur,
résulte suffisamment le caractère à la fois bienfaisant et
sacré du capital. Il est bienfaisant, puisqu'il est l'agent
indispensable de tout progrès, la condition même de la
simple durée ; il est sacré, puisqu'il suppose un double et
méritoire effort, l'effort de faire, et l'effort de s'abstenir,
le travail et l'épargne.

C'est la démonstration rigoureuse et complète de cette
double proposition, sa démonstration véritablement expérimentale, qui a fait l'ojet de la dixième leçon. Commencée

sur Robinson, au début même de son séjour dans l'île du Désespoir, c'est-à-dire sur l'homme isolé qui réunit en lui les qualités et les fonctions diverses de capitaliste, d'entrepreneur, d'ouvrier, de consommateur et de producteur ; continuée, à travers les complications croissantes de l'échange et des transactions de toute sorte par lesquelles il se réalise, sur l'homme en société, chez lequel ces fonctions se séparent ou semblent se séparer ; cette démonstration a partout abouti aux mêmes constatations et aux mêmes résultats : la dépendance réciproque, l'intime liaison, la solidarité indestructible du capital et du travail. Pour créer des produits, il faut des matériaux ; pour travailler, des instruments et des outils ; pour vivre, en attendant l'achèvement et les boureux effets du travail, des provisions et des avances. Le travail actuel suppose donc nécessairement un travail antérieur; et le travail antérieur, à son tour, le capital, pour être réellement utile et fructueux, appelle et réclame forcément le travail actuel : car, s'ils ne sont employés à produire et resemés en quelque façon pour renaître sous forme de moisson nouvelle et plus abondante, les biens réalisés se dissipent, se consomment et se décomposent sans rien laisser après eux. Le capital peut, sans doute, vivre quelques jours oisif, (d'une vie qui s'affaiblit, toutefois, et bientôt s'éteint si son oisiveté se prolonge) ; c'est la naturelle et légitime récompense du noble effort que suppose son acquisition. Mais pour durer véritablement, pour grandir, pour ne pas diminuer seulement, il faut qu'il se renouvelle, c'est-à-dire qu'il soit incessamment vivifié, transformé et reconstitué par le travail.

Comment s'accomplit cette coopération nécessaire du capital et du travail, sous quelles formes et à quelles conditions elle se réalise, pour le commun avantage de l'un et de l'autre, c'est ce que le temps ne permettait évidemment pas à M. F. Passy d'exposer avec une suffisante étendue. Il a pu, du moins, grâce à quelques saisissantes citations de Bastiat, en donner un rapide aperçu, et montrer le capital, une fois entré dans le monde, y introduisant et y développant de plus en plus ce que lui seul peut donner, (précisément en vertu de cette faculté d'attendre et de vivre sur lui-même qu'on lui reproche), la sécurité de l'avenir. Cette sécurité ce n'est pas pour lui seulement, c'est aussi pour son coopérateur le travail, que le capital la réalise, et de l'un elle s'étend graduellement à l'autre,

D'abord, pour accroître le produit de sa pêche, le vieux pêcheur, qui a su se fabriquer une barque et des filets, mais dont les bras commencent à se sentir faibles pour les manier, appelle à son aide, en lui promettant une quote-part du résultat total de leurs efforts concertés, le jeune pêcheur qui ne possède ni instrument ni avances ; et grâce à cette association des forces de l'un et des ressources de l'autre, tous deux obtiennent un excédent dont le partage les récompense d'avoir su s'entendre. Plus tard, le jeune pêcheur, bien pourvu les jours où le poisson abonde, mais exposé à mourir de faim quand il vient à manquer pendant quelque temps, préfère, à sa quote-part variable, une rétribution régulière et fixe. Ou bien le vieux pêcheur, trop faible désormais pour aller au marché réaliser le produit de la pêche commune, offre à son compagnon de lui abandonner, moyennant une redevance assurée, toutes les chances bonnes ou mauvaises de cette réalisation, en attendant le jour où, plus vieux encore, et décidément incapable de guider la barque sur les flots, il lui cédera entièrement, contre une rémunération qui garantira la paix de ses derniers jours, l'sage exclusif des œuvres de sa jeunesse, autrement inutiles et à sa vieillesse et à la jeunesse d'autrui.

DIXIÈME LEÇON

Monnaie.

Plusieurs fois déjà dans le cours de ses leçons, et surtout dans la dernière, M. F. Passy avait eu à prémunir ses auditeurs contre le préjugé qui confond le capital avec l'argent, la richesse avec la monnaie. Il a, dans cette séance, directement abordé et combattu cette erreur, en exposant spécialement le caractère et le rôle de cet agent si universellement employé et si mal compris : la monnaie.

Après avoir rappelé combien l'échange est nécessaire à l'homme, et quelles facilités apporte à la satisfaction de ses besoins la possibilité de donner ce qu'il a de trop, ou ce dont il peut se passer pour obtenir ce qui lui manque, le professeur a montré que l'échange, sous sa forme primitive, — le troc en nature, — ne pouvait remplir que bien imparfaitement sa destination ; et qu'il fallait, pour le rendre commode et fréquent, l'intervention d'un instrument spécial, d'un agent de transmission proprement dit, grâce auquel on pût toujours ou se défaire de ce qu'on veut céder, ou se procurer ce qu'on veut obtenir. Cet agent de transmission, cet organe spécial des échanges, a-t-il dit, c'est la monnaie.

Grâce à son intervention, le troc primitif se décompose en deux opérations distinctes, la vente et l'achat ; et l'échange, au lieu de se consommer immédiatement et par une remise réciproque de la main à la main, peut embrasser un espace de temps plus ou moins long, s'opérer à distance, et avoir lieu entre personnes étrangères l'une à l'autre. On livre ce dont on veut se dessaisir contre une marchandise équivalente, acceptée provisoirement comme remplacement ; et on livre plus tard cette marchandise équivalente contre ce qu'on veut avoir comme compensation définitive.

Toute marchandise d'un usage général et d'une valeur reconnue, propre par suite, à être acceptée universellement comme équivalent habituel, peut donc servir de monnaie et devenir cette valeur intermédiaire qui facilite l'échange en le décomposant. Diverses marchandises, réunissant plus ou moins bien ces conditions, — le fer, le cuivre, le sel, la morue, les coquillages, les grains, le tabac, les cuirs et les fourrures, etc., — ont, en effet, à différentes époques et dans différents pays, rempli plus ou moins le rôle de monnaie. Le tabac était encore, il y a un siècle environ, la monnaie légale en Virginie ; le blé l'avait été, au siècle précédent, dans le Massachussets.

Mais ces premières monnaies, malgré leurs avantages relatifs, ont de grands inconvénients, et ne se prêtent encore qu'à des opérations restreintes. Sujettes à détérioration, encombrantes, difficiles à garder comme à transmettre, variables dans leurs qualités et plus encore dans leur valeur, elles constituent un gage sans doute, mais un gage évidemment peu maniable, peu sûr et même peu facile à apprécier.

Les métaux précieux, l'or et l'argent, — qu'un accord unanime a porté tous les peuples à préférer dès qu'ils l'ont pu, — échappent, au contraire, à la plupart de ces inconvénients, et réunissent, à un haut degré, presque toutes les qualités d'un gage excellent et d'un intermédiaire commode. Inaltérables, ou susceptibles seulement de modifications extérieures qui n'atteignent pas leur substances ; rares et d'une grande valeur sous un petit volume, et, par conséquent, d'un maniement et d'un déplacement aisés et peu dispendieux ; faciles à diviser ou à réunir sans frais et sans perte, et pouvant, par suite, se proportionner toujours exactement à l'importance, petite ou grande, des quantités qu'ils doivent solder ; d'une homogénéité absolue, qui ne permet pas de faire de différence d'un morceau à un autre, et, dès lors, à l'abri de toutes ces appréciations minutieuses et contradictoires, qui font du commerce des autres marchandises autant de spécialités distinctes ; douées, enfin, de caractères extérieurs apparents, qui les font aisément reconnaître, et aptes à recevoir et à conserver des empreintes délicates qui attestent à tous les yeux leur poids et leur titre ; ces substances sont éminemment propres au rôle qu'elles remplissent, et donnent, à la fois, aux transactions, la sécurité, la mobilité et la précision qui leur sont nécessaires. Par un seul côté, elles laissent à désirer : leur valeur n'est pas immuable. Produit d'un travail plus ou moins fructueux, objet d'une consommation plus ou moins abondante, sonmises, en un mot, aux variations inévitables de l'offre et de la demande, elles n'échappent pas à la mobilité universelle.

A de longs intervalles, même, elles peuvent avoir éprouvé des fluctuations considérables ; et sous ce rapport elles sont une mesure historique bien moins sûre que le blé ou le travail, quelque peu sûrs que soient ceux-ci. Mais tandis que le blé ou le travail, et généralement toutes les valeurs, sont exposés à de brusques soubresauts sous l'influence de mille causes accidentelles, subites et souvent impossibles à prévoir, les variations de l'or et de l'argent sont lentes, et ne peuvent guère surprendre leurs détenteurs en s'abattant tout entières sur les mêmes têtes.

La difficulté avec laquelle ils s'exploitent, la facilité avec laquelle ils se déplacent, la faiblesse des quantités nouvelles, même les plus considérables par rapport aux quantités déjà existantes, non seulement à l'état de monnaie mais à l'état de bijoux, d'ustensiles et d'objets de toute nature, toutes ces causes réunies ne permettent, dans la valeur de l'or et de l'argent, que des oscillations peu rapides ; et l'on est toujours assuré, avec eux, de posséder le lendemain un gage à peu près équivalent à la valeur pour laquelle on l'a reçu la veille. C'est ce qui importe, en somme, puisque, destinée à faciliter et à accélérer les transactions, en passant de main en main, le rôle de la monnaie n'est pas de s'accumuler, mais de circuler.

Ces considérations diverses montrent que la monnaie est une marchandise comme les autres, acceptée seulement à raison de certains avantages naturels, qui en font une marchandise d'un débit universel, comme équivalent, comme intermédiaire et comme mesure comparative entre les autres marchandises. Elles montrent, en d'autres termes, qu'il n'y a rien d'arbitraire ni dans les fonctions ni dans la valeur de la monnaie, et que ce n'est pas à une création artificielle de la loi humaine, mais à une destination naturelle de la loi providentielle, que la monnaie doit son existence, et que les métaux qui les constituent sont redevables de ce caractère. Elles répondent donc à toutes ces théories funestes qui ont servi tour à tour d'excuse et de prétexte aux coupables manœuvres des souverains et aux folles prétentions des peuples, et elles démontrent pareillement l'impuissance et le danger de toutes les entreprises tentées ou conseillées pour fixer législativement le cours de la monnaie, pour en accroître artificiellement la quantité, ou pour se passer d'elle. C'est, du reste, ce qu'avant d'aborder la dernière question qu'il doive traiter devant nous, celle des machines, M. F. Passy achèvera de démontrer par quelques considérations rapides sur le crédit et le papier-monnaie.

ONZIÈME LEÇON.

Papier-monnaie.

Longue, hélas ! bien longue est la liste des erreurs accréditées au sujet de la monnaie ; et nombreuses sont les formules par lesquelles elles s'expriment. Elles peuvent cependant, quand on les analyse, se rapporter à peu près

toutes à deux illusions capitales et extrêmes ; et chacune
de ces illusions se trouve, précisément, personnifiée dans
une fiction célèbre. C'est, d'un côté, la vieille fable du roi
Midas, victime du don fatal qu'il a reçu des dieux de changer en or tout ce qu'il touche ; c'est, d'un autre côté, l'histoire toute moderne du fils d'Eole, entreprenant de faire
accepter par les hommes, en échange de ce qu'ils ont le
plus estimé jusqu'ici, le vent fugitif dont ses outres sont
remplies ; criant sur tous les tons aux peuples éblouis de
la Bétique de « quitter le pays des vils métaux », pour venir à sa suite « dans l'empire de l'imagination » ; et, lorsqu'il voit s'affaiblir en eux, par l'expérience, la confiance
et l'engouement irréfléchi des premiers jours, substituant
avec une impatience et une irritation croissantes les ordres aux conseils, et s'évertuant à ranimer par la force
cette « vivacité d'imagination » que la persuasion n'a pas
suffi à soutenir.

La première de ces fictions, c'est l'image naïve de cette
confusion fatale de la monnaie et des métaux précieux
avec la richesse, qui, pendant des siècles, n'a cessé d'en-
sanglanter l'histoire ; la seconde, dans laquel.e Montesquieu
s'est plu à reproduire, en quelques traits piquants, la
curieuse histoire de Law et de ses tentatives financières,
c'est la peinture de cette aberration plus raffinée qui nie
jusqu'aux services les plus réels de ces métaux, et prétend
substituer à ce qu'elle appelle « la royauté usurpée de l'or »
le règne absolu d'une valeur de pure convention, le papier-
monnaie.

Sur la première de ces deux erreurs, M. F. Passy a pu
être bref. Il l'avait déjà rencontrée sur son chemin, et,
d'ailleurs, a-t-il dit avec raison, l'allégorie du pauvre Midas est parlante et n'a pas besoin de commentaires. Pas
plus que lui nous ne buvons ni ne mangeons l'or et l'argent ; et, pas plus pour nous que pour lui, ces métaux ne
sont la principale et la première richesse. La richesse,
celle d'un peuple comme celle d'un particulier, c'est l'en-

3

semble des moyens de satisfaction que possède ce particulier ou ce peuple, la réunion des objets utiles ou agréables dont il peut disposer, et, pour tout dire d'un mot, sa capacité de jouir. Les métaux précieux (en quantité relativement fort minime), qu'il détient, lui sont utiles, assurément. Ils le sont comme moyens de satisfaction directes puisqu'ils répondent à des besoins généraux et de diverses natures ; ils le sont aussi, et surtout, comme bon et commode instrument d'échange. Ils ne satisfont pourtant, en somme, qu'à une bien faible partie des exigences de la vie ; et l'on pourrait, à la rigueur, se passer d'eux, sauf à échanger moins aisément et à se priver d'un certain nombre de jouissances de second ordre, tandis que l'on ne pourrait, fussent-ils cent fois plus abondants, se passer, grâce à eux, de presque rien autre.

On évalue en argent, cela est vrai, en monnaie, la richesse des peuples et celle des individus ; et il est naturel qu'on le fasse, puisque la monnaie est le comparateur universel, la moyenne proportionnelle des valeurs, leur dénominateur commun. Mais dans cette évaluation (la moindre réflexion suffit à s'en convaincre), la monnaie, faisant fonction de chiffre, figure à l'état abstrait comme les nombres dans les calculs ; et la richesse, la valeur même, n'est pas plus dans les unités monétaires qui l'expriment que le poids des choses n'est dans les instruments qui le mesurent et qui servent à le constater.

Rien de moins fondé, dès lors, que la prétention d'enrichir les nations en accumulant dans leur sein les métaux précieux, par préférence à tout le reste ; et rien de plus chimérique, de plus funeste en même temps, que les efforts des gouvernements pour faire pencher en leur faveur, comme on disait autrefois, la « balance du commerce ». Accroître, au-delà du besoin, la quantité des espèces dans un pays, ce ne serait pas ajouter à la richesse de ce pays ; ce serait seulement alourdir à plaisir, à son préjudice, l'instrument des échanges. Mais on n'appelle pas, on ne re-

tient pas à volonté, l'argent par des mesures législatives.
Une marchandise aussi facile à déplacer se nivelle, comme
l'eau, selon la pente des prix ; et l'exemple de l'Espagne et
des contrées espagnoles de l'Amérique est, à cet égard, un
enseignement irrécusable. Ces contrées, maîtresse de la
source des métaux précieux, ont-elles réussi à conserver
pour elles ces métaux? Non; mais dans leurs efforts pour
atteindre ce but impossible, dans leur engouement pour
la fausse richesse et dans leur oubli de la vraie (le travail
productif), elles ont sacrifié l'industrie et l'agriculture et
n'ont rencontré, au terme de leurs voies violentes, que
l'appauvrissement : c'est l'éternelle histoire du chien qui
lâche la proie pour l'ombre.

La seconde erreur appelait plus de développements, et
le professeur s'y est arrêté davantage. Entre la monnaie
et le papier-monnaie, il rencontrait le crédit, extension
légitime de la première, dont le second n'est qu'un abus;
et il ne pouvait passer outre sans indiquer rapidement au
moins, le véritable caractère et les véritables limites de ce
phénomène important et si souvent mal compris.

Il a montré d'abord comment la monnaie, malgré ses
incontestables avantages sur les autres instruments
d'échange, aurait été encore, par elle seule, insuffisante
et souvent embarrassante. Il a expliqué combien il eût
été difficile d'opérer, dans toutes les transactions, la remise effective et la transmission réelle des espèces, à travers toutes les complications de temps et de lieux ; et il a
fait comprendre, par conséquent, l'intérêt qu'avaient les
hommes à simplifier, par des combinaisons appropriées,
l'emploi des métaux précieux. Ces combinaisons diverses,
a-t-il dit, constituent le crédit et consistent essentielle-
ment à substituer, au paiement effectif et immédiat, soit de
simples mentions en compte, soit des titres et promesses
de diverse nature, billets simples ou à ordre, lettres de
change, etc. Grâce à l'emploi de ces moyens, qui se per-
fectionnent et se multiplient en devenant, conformément

à a loi de la division du travail, l'objet d'une industrie spéciale, — la Banque, —la quantité de monnaie nécessaire au
réglement des affaires se trouve singulièrement diminuée,
et l'on suffit à des paiements considérables et lointains
avec un mouvement d'espèces relativement très faible.

C'est ainsi que la France n'a pas plus de 4 milliards de
monnaie, que l'Angleterre n'en a pas moitié autant; et
que dans ce pays les neuf dixièmes des paiements (selon
M. Fullarton), s'opèrent sans l'intervention même des
billets de banque. L'établissement nommé maison de
liquidation (Clearing House), à Londres, a fait, en 1840,
pour le compte des banquiers qui y sont admis, et grâce
à la compensation quotidienne de leurs créances respec-
tives, près d'un milliard sterling de paiements avec 60 millions seulement, presque *tous en billets* (1).

Quel est le véritable caractère de ces faits si saisissants? En vertu de quel principe a lieu cette énorme
diminution de l'emploi de la monnaie? Son rôle est-il
amoindri à mesure que le papier se substitue à elle? Est-
ce par lui-même, par lui seul, que vaut ce papier? Le
crédit, enfin, en épargnant l'usage dirèct des espèces,
permet-il de songer à supprimer celles-ci? A toutes ces
questions, le professeur a répondu nettement par un seul
mot. Le papier n'est qu'une représentation des espèces;
et les titres, quels qu'ils puissent être (les billets de banque officiels comme les autres), sont des promesses de
monnaie, et ne sont que cela. C'est ce caractère de pro-
messe d'une marchandise certaine qui seul les soutient ;
et si derrière eux, cette marchandise n'existait pas; si la
réalisation du gage qu'ils constituent devenait impossible ou
équivoque; si, en un mot, la facilité de les convertir en espèces au temps voulu venait à disparaître, aussitôt ces
titres, selon la nature et le degré des craintes et de l'incertitude qui planeraient sur leur réalisation, perdraient

____

(1) Ces divers chiffres se sont notablement modifiés depuis.

tout ou partie de leur valeur ; ils pourraient même cesser d'avoir un sens. Qu'est-ce qu'un franc, et que signifiera l'inscription de ce mot sur un chiffon de papier, fût-il le plus historié du monde, si ce n'est pas ce point fixe dont parle la loi de germinal an XI, 5 grammes d'argent à 9 dixièmes de fin ?

C'est l'oubli de cette vérité élémentaire et de sens commun, a ajouté le professeur, qui a conduit à ces folles tentatives, parmi lesquelles deux surtout, en France, ont eu une importance considérable et une triste célébrité : le système de Law, et les assignats de la Révolution.

M. Passy a rapidement rappelé les traits principaux de ces deux épisodes financiers, et fait entrevoir par quelle série de violences et d'injustices ils ont conduit la nation à la ruine et à la banqueroute. Le papier-monnaie, a-t-il conclu, est un rêve, et un rêve coupable. C'est le dernier degré de la falsification des monnaies. Le faux monnayeur ordinaire cherche à tromper le public en lui faisant prendre pour toute sa valeur nominale une monnaie qu'il a réduite à une valeur moindre. Le gouvernement qui décrète le cours forcé du papier-monnaie, vole ostensiblement et violemment le public, en prétendant lui imposer, par la force, une valeur nulle. Mais la confiance ne se commande pas. Et contraindre à recevoir, c'est avertir de refuser. Mirabeau, qui n'a pas été étranger pourtant à la première émission d'assignats, avait-il tort de dire que « tout papier-monnaie est une orgie du despotisme en délire ? »

En somme, donc, le papier est utile, et grandement utile ; mais il ne l'est pas par lui seul, et indépendamment de la monnaie. Le crédit est puissant, et très-puissant ; mais il n'est pas tout-puissant et il ne supplée pas à l'absence des capitaux. Le rôle du papier, c'est de faciliter et de simplifier l'emploi de l'argent, non de le supprimer. Le rôle du crédit, c'est d'activer et de féconder la circulation des capitaux, non de les improviser et de les faire surgir à volonté du néant. En donnant plus de rapidité aux affaires. en stimulant les échanges, il transforme en capitaux actifs et productifs les capitaux inertes, et rend ainsi plus énergique et plus fructueux le travail de l'homme, source de toute richesse ; mais il n'a pas le don de créer la richesse de rien, et ce n'est pas une baguette magique qui puisse transformer le monde sans travail. Il féconde le capital existant ; il seconde le travail disponible ; il ne dispense ni de l'emploi du capital, ni de celui du travail. Ceux qui lui attribuent une telle vertu sont les alchimistes de l'économie politique, et la société n'a qu'à perdre à mettre entre leurs mains les biens qu'elle possède. Elle ne retrouvera jamais, au fond de leur creuset, à la fin de l'opération, qu'une partie de ce qu'elle y aura déposé au début.

Après cette étude, M. Passy a abordé la question des Machines.

DOUZIÈME LEÇON

Bien poser une question, on l'a dit souvent, c'est plus qu'à moitié la résoudre ; et mainte discussion, qui a longtemps passionné les hommes, paraît presque sans objet le jour où l'on prend enfin la peine d'en mesurer sérieusement la portée et d'en préciser les termes. La question des MACHINES en est un nouvel et éclatant exemple.

Aux yeux de bien des personnes, aux yeux notamment des écrivains souvent distingués qui se sont, dans notre siècle, déclarés plus particulièrement les détracteurs de l'industrie et de ses modernes développements, la question des machines est une question née d'hier, une conséquence des applications récentes de la vapeur et de l'électricité, un des caractères de cet *âge du fer* dans lequel, grâce à ces découvertes à la fois merveilleuses et redoutables, nous sommes entrés avec un imprudent empresse-

ment. Quand on va réellement au fond des choses, on
trouve que c'est une question vieille comme le monde ;
une question de tous les pays comme de tous les temps,
l'inévitable et l'éternelle question de l'amélioration du travail par .e perfectionnement de l'outillage, la *question du
progrès, en un mot*. A tous les degrés du développement
social, l'homme est obligé d'arracher à la nature, par un
effort qui lui répugne et lui coûte, les satisfactions nécessaires à l'extension et au soutien même de sa vie : à *tous*
il cherche, par l'observation et par l'invention, à diminuer
cet effort et à en accroître les résultats ; à tous, donc, il
substitue, à des procédés grossiers et à des instruments
imparfaits, des instruments plus appropriés et plus efficaces.
Ces instruments, ces procédés, depuis le plus simple jusqu'au
plus compliqué, depuis le plus faible jusqu'au plus formidable ; depuis l'arête de poisson ou l'épine jusqu'à la cou-
seuse à vapeur ; depuis la première fronde ou la première
massue jusqu'au marteau pilon de 100.000 kilog. ; depuis la
peau ou l'écorce qui sert de canot au sauvage jusqu'au
navire à hélice de 10.000 chevaux de force, ce sont des machines, c'est-à-dire des moyens de défense et d'action dont
la *science*, réunissant graduellement pour le service de
l'homme toutes les pièces de l'immense arsenal disséminé
par la nature entre les animaux de tout ordre qui l'entourent, arme et dote avec le temps son corps vulnérable et
ses mains dépourvues et débiles. Aussi avait-il raison, cet
ouvrier anglais dont Sismondi et Lemontey, il faut le
croire, n'avaient jamais entendu parler, quand, éclairant
d'un trait de bon sens ce problème que les subtilités des
savants n'ont trop souvent qu'obscurci, il s'écriait, avec la
simplicité énergique et pittoresque du langage populaire :
« Les machines c'est tout ce qui, en plus des ongles et des
dents, sert a l'homme pour travailler ».

Qu'il faille à l'homme, pour travailler, *autre chose que
ses ongles et ses dents* ; et qu'ainsi ces « organes complémentaires » qu'on appelle des outils ou des machines

(c'est tout un), soient pour lui de la plus rigoureuse et de
la plus absolue nécessité, c'est l'évidence même, et M. F.
Passy ne s'est pas arrêté à nous le démontrer. Il a mieux
aimé, par quelques exemples empruntés aux divers ordres
de travaux, intelligents ou bruts, dans lesquels le secours
des machines est le plus aisé à évaluer, nous donner une
idée, approximative au moins, de ce qu'ajoutent à la force
productive de l'homme, à l'étendue de ses ressources et
de ses jouissances, par conséquent, l'emploi de ces infati-
gables auxiliaires et l'habile simplification des procédés.
La pauvre esclave qui, dans le rustique palais de Péné-
lope, broyait imparfaitement le grain entre deux pierres,
préparait à peine pour 25 personnes cette farine grossière
dont elle ne goûtait pas; le garçon meunier qui, dans un
moulin tel que celui de Saint-Maur, dirige et surveille la
mouture, le blutage et l'ensachage mécaniques, livre à la
consommation, en farine de premier choix, dont il a sa
part, la ration de 4 à 5.000 de ses semblables. Un porte-
balle, véritablement accablé sous le *faix*, transportait dif-
ficilement et lentement, jadis, d'étape en étape, à travers
les bois, les rivières et les montagnes, une trentaine de
kilos sur ses épaules. Une machine vivante, le cheval, en
a pu porter 200; puis en traîner dix fois autant, sur cette
machine fixe qu'on appelle une route, à l'aide de cette
machine mobile qu'on appelle une voiture. Le même animal en a plus tard tiré dix fois autant encore sur le plan
plus uni et plus résistant d'un chemin de fer, et jusqu'à
100.000 kilos sur la mobile surface d'un canal. La locomotive, enfin, ce coursier enflammé dont la docilité égale
l'ardeur, entraîne sous nos yeux, d'une extrémité d'un
pays à l'autre, avec une rapidité décuple des précédentes,
au besoin, ces prodigieux chargements qui remplissent des
files entières de vastes et solides voitures. Chaque homme,
dans ces *convois* quotidiens de l'industrie, supérieurs
parfois à ceux d'un corps en campagne, remplit l'office de
6 à 7.000 des anciens porteurs; et le conducteur du train,

de la main duquel part toute l'impulsion de ce gigantesque appareil, chef d'une caravane comme n'en rêvèrent jamais les plaines de l'Asie ou les sables de l'Afrique, semble l'un de ces héros merveilleux des contes de l'Orient auquel un talisman précieux assujettissait les éléments et les génies : maint navire, pour donner par un chiffre précis une idée exacte de cette puissance, porte dans ses flancs une force équivalente à celle de 40 ou 50.000 chevaux de chair et d'os, autant que la cavalerie des plus puissantes armées dont l'histoire ait conservé le souvenir.

Que dire encore de ces presses mécaniques, qui, dans une nuit, déposent la pensée humaine, en caractères ineffaçables et identiques, sur 50 ou 60.000 exemplaires de la plus vaste feuille; de ces métiers renvideurs, qui font la besogne de 700 fileurs du siècle dernier; de ces *glisseries*, qui, en quelques minutes, transportent au milieu des cités et au sein des eaux les forêts naguère inaccessibles des plus hautes montagnes; de ces ponts tournants jetés sur les fleuves et les bras de mer, et dont le tablier immense s'ouvre et se referme, en quelques instants, avec la précision d'une boîte de montre, sous la main de trois ou quatre personnes au plus; ou de ces mineurs de fer et de feu dont l'infatigable et irrésistible labeur perçait hier les Pyrénées et va, demain, près de nous, ouvrir de même à la locomotive, symbole de la fraternité humaine, que n'arrêtent plus ni préjugés ni frontières, un passage à travers la barrière impuissante des Alpes? Faut-il rappeler, en face de ces prodiges de force, des prodiges d'un autre ordre : les aiguilles, à peine connues en Angleterre sous Marie Tudor, livrées aujourd'hui à 2 ou 3 francs le mille; les étoffes, descendues, dans la première moitié de ce siècle, au douzième de leur prix en moyenne; le tulle, en particulier, tombant de 125 francs le yard carré à 60 centimes; ou les boutons en porcelaine, invention que nous avons vue naître il y a quelques années à peine, fabriqués, dès 1855, au prix inouï de 0 fr. 75 la masse

3.

(douze douzaines de douzaines) et livrés, par milliers de
masses, aux besoins de toute nature qui chaque jour les
réclament?

Ce que de pareils progrès représentent de temps, de
peine et de dépenses épargnés ; ce qu'ils fournissent, par
conséquent, de secours à la culture matérielle, intellectuelle ou morale ; ce qu'ils donnent de facilités nouvelles
aux relations intéressées ou désintéressées des hommes
entre eux ; et ce qu'ils font chaque jour pour le développement des habitudes de propreté, de décence, d'élé-
gance, pour la santé, pour le plus véritable bien-être, en
un mot, M. Passy l'a dit ; les bornes de ce compte rendu
ne nous permettent pas de le redire. Mais il est deux aperçus au moins, dans ce tableau des conséquences heureuses du progrès des machines, que nous ne saurions
omettre de rappeler. On dit souvent (et c'est une objection
à laquelle le professeur a plus tard plus amplement
répondu en la retrouvant sous une forme spéciale et populaire) que les machines asservissent et dégradent les
mains qui les font mouvoir, et qu'elles creusent un abîme
chaque jour plus profond entre la richesse des uns et la pauvreté des autres. La vérité est, au contraire, qu'elles sont
par essence des *instruments de liberté et d'égalité* ; et qu'à
moins que des lois oppressives et injustes ne viennent
détruire à plaisir leurs effets naturels et substituer violemment le mal au bien, tout progrès réalisé par elles est
un affranchissement et une élévation pour tous.

Tout besoin non satisfait, ou satisfait au prix de rudes
et longs efforts, est un abaissement et une servitude véritable, une entrave au développement et à la satisfaction
des besoins *moins urgents, mais plus élevés*, qui couvent,
en attendant leur jour, dans les inépuisables profondeurs
de l'âme humaine. Tout besoin apaisé sans peine ou à
moindre peine, tout besoin qui cesse d'être senti ou de
l'être autant, par conséquent, est comme un poids enlevé
de dessus les bras, la tête ou le cœur de l'homme ; c'est un

pas vers cette suppression de la misère et de la souffrance que l'humanité poursuit depuis le début, et poursuivra jusqu'au bout. C'est à bon droit, dès lors, que dans une assemblée récente et étrangère, d'ailleurs, à toute préoccupation économique, un orateur, fort éloigné à coup sûr de toute exagération et de tout abus des termes habituels du langage religieux (1), montrait l'espèce humaine marchant, pour ainsi dire, grâce à d'incessants progrès, de rédemption en rédemption ; *rachetée* de la faim par la charrue et la meule ; de l'obscurité par la lampe et le gaz ; des intempéries, par l'art de bâtir et ses nombreuses annexes ; du froid, par les métiers à filer et à tisser ; de la distance, par les routes, les chemins de fer et la navigation ; de l'absence, par la poste, le télégraphe ou la photographie ; de l'ignorance, enfin, par l'imprimerie et par la gravure. Chacune de ces merveilles est bien une *rédemption*, en effet ; et c'est une rédemption dont tous, une fois la rançon payée, prennent leur part tour à tour ; car, devant l'invention réalisée et la découverte accomplie, tous, par un inévitable rayonnement, sont ou tendent à devenir promptement égaux. Le grand seigneur d'autrefois, confiné dans son château par le manque de chemins et de moyens de transport praticables, était, de fait, au milieu de sa puissance, *attaché*, lui aussi, *à la glèbe*, à laquelle la loi attachait de droit, pour lui, ses vassaux. Le roi Louis XIV, dans ses carrosses de gala, sans ressorts et ouverts à la pluie, ne pouvait que lentement passer d'une de ses fastueuses résidences à l'autre. Et Napoléon Ier luimême, dans toute sa puissance, aurait à peine, il y a cinquante ans, osé prétendre à traverser la France dans sa plus grande longueur en moins de deux jours. Le simple citoyen, aujourd'hui, pour une somme déjà modique, peut, en trente-six heures, aller de Dunkerque à Marseille, dans des voitures excellentes et chaque jour à ses ordres. Des

(1) M. A. Cochin, au Congrès catholique de Malines, en 1863.

communications sans nombre sillonnent de toutes parts,
pour le service du dernier d'entre nous, la surface entière
du pays ; et l'Europe, presque le monde déjà, s'ouvre visiblement, grâce à la vapeur, devant les pas de tous les
hommes. Il s'ouvre bien davantage, grâce à l'électricité et
à la presse, devant leur pensée et leurs yeux. Et tandis
que les rois et les princes d'autrefois, à grands frais et à
grand'peine, s'estimaient heureux de savoir plus ou moins
exactement *ce qui s'était passé*, des semaines, des mois ou
des années auparavant, dans les cours étrangères ou dans
leurs propres armées, il n'est bientôt plus un homme qui
ne sache, s'il le veut, chaque jour, presque sans effort et
sans dépense, *ce qui se passe*, en ce moment même, sur la
surface et jusqu'aux extrémités du globe, et qui ne voie,
en quelque façon, agir et penser devant lui, heure par
heure, la société entière du genre humain.

Sans être utopiste, on peut espérer de cette communi-
cation, toujours plus rapide, de grands résultats moraux.
Ce n'est pas la *liberté* et l'*égalité* seulement, c'est l'*unité*
qu'elle sert. En mettant à tout moment toute chose sous
les yeux de tous, elle prépare et forme, au-dessus des passions et des préjugés des consciences particulières, le
jugement plus impartial et plus puissant d'une conscience
générale. Et c'est pour cela, sans doute, qu'un illustre
prélat français (l'évêque de la Rochelle), (1) en bénissant
des chemins de fer nouvellement ouverts, saluait dans ces
routes, imprudemment maudites par des voix moins
sages, avec « l'une des plus grandes preuves des droits
de l'homme sur la création », de providentiels instruments de *rapprochement entre les esprits comme entre
les distances*, et des précurseurs, en même temps que des
agents du triomphe des vérités « universelles » et com-
plètes sur ces vérités partielles et locales, à propos desquelles nous pouvons redire encore, à trop bon droit, hélas ! le
triste mot de Pascal.

____

(1) Depuis Cardinal Landriot.

Comment, en présence de tels bienfaits, expliquer le cri si violent qui, si souvent, s'élève contre les machines ; et d'où ont pu venir, jusque chez des hommes d'une incontestable valeur, tant de défiances et tant de colères contre elles ? De deux raisons surtout, si nous avons bien retenu la leçon de M. Passy. D'abord de ce sentiment, naturel au cœur humain, qui nous porte à exagérer toujours les maux dont nous souffrons, à oublier ou à diminuer ceux dont souffrirent nos pères ; *laudator temporis acti* ! ensuite d'une vue incomplète, et dès lors véritablement fausse, des effets de la substitution du travail perfectionné au travail imparfait.

Qu'est-ce qu'un travail perfectionné ? Ç'est un travail qui rend davantage. Qu'est-ce qu'une machine ? C'est un instrument qui fait, avec moins de bras, ce qui se faisait d'abord avec un plus grand nombre. C'est, par conséquent, *pour un même résultat*, la mise en disponibilité d'un certain nombre de bras, ou d'une certaine somme d'efforts. On voit cela, et, *ne voyant que cela*, comme dit Bastiat, on en conclut que la machine *supprime* le travail, par suite le salaire, et par suite le pain. Il est clair, pourtant, et M. Passy, après Bastiat (1), n'a pas eu de peine à le démontrer, qu'il y a *autre chose* à voir. Il est clair que, de ce qu'une charrue meilleure prépare de plus abondantes moissons, il ne peut résulter qu'il y ait moins de vêtements à partager entre les hommes ; ou de ce que plus de vêtements sont produits par des métiers plus actifs, que la ration de pain soit réduite. La machine diminue l'effort; elle ne diminue pas la satisfaction, puisque la raison même qui la fait préférer est qu'elle l'accroît. Et si, pour prendre un instant au sérieux une exagération plaisante de Sismondi, le génie anglais en était venu à imaginer une manivelle que la reine d'Angleterre n'eût qu'à tourner pour fournir à ses sujets tout ce que leur four-

---

(1) Ce qu'on voit et ce qu'on ne voit pas ; les machines.

nissent aujourd'hui leur industrie et leur commerce, il est incontestable que le travail actuel des citoyens anglais serait désormais sans objet (en snpposant qu'ils ne lui donnassent pas aussitôt un autre emploi) ; mais il n'est pas moins incontestable que cette suppression de travail serait pur bénéfice, puisque la consommation n'y perdrait rien. La reine, en travaillant pour tout le monde, dispenserait tout le monde de travailler ; mais elle n'empêcherait personne de manger. Ainsi fait la machine, dans de moindres proportions, et il n'y a pas davantage à s'en plaindre.

Il y a à s'en féliciter, au contraire ; car, ainsi que nous le rappelions tout à l'heure, rendre un travail *inutile* pour un but donné, ce n'est pas rendre ce travail *impossible* ; c'est le rendre disponible pour un autre but. *C'est en même temps rendre disponible, avec lui, le salaire*, qui jusqu'alors le sollicitait vers ce but, atteint désormais sans lui, et qui, désormais aussi, va le solliciter vers un but différent et jusqu'alors impossible à atteindre.

C'est, en d'autres termes, en donnant à l'humanité, à moindre prix, les mêmes satisfactions, lui permettre de se procurer, au même prix, des satisfactions plus abondantes, soit en développant la production même dans laquelle un perfectionnement s'est accompli, soit en faisant surgir ou croître à côté d'elle d'autres productions précédemment arrêtées par le manque de capitaux et de bras. Où est le progrès, sinon dans cette augmentation de ressources ? Et que cherche l'humanité ici-bas, sinon à diminuer sa peine et à multiplier ses satisfactions ?

Nous ne saurions, sans prolonger beaucoup encore ce compte-rendu déjà trop long, rappeler les exemples nombreux et décisifs qu'à l'appui de ces idées, d'ailleurs si claires, le professeur a puisés dans les faits les plus connus et les plus concluants. Bornons-nous à dire, à cet égard, que de l'imprimerie aux chemins de fer, de la culture du sol à la filature, partout il nous a montré, pièces en mains, le développement du travail et l'élévation du salaire suscités par l'amélioration des procédés, et les hommes d'autant plus occupés, et d'autant mieux rétribués, qu'ils savent mieux s'occuper et qu'ils tirent meilleur parti d'eux-mêmes. Le bon sens l'indiquait. Mais, puisque le bon sens ne suffit pas toujours, et qu'il faut parfois faire selon toutes les règles la démonstration de l'évidence, nous croyons pouvoir dire que cette démonstration a été faite avec une abondance d'arguments qui ne nous laisse aucune ressource pour nous dire plus pauvres que nos pères, et que nous n'avons aucun prétexte pour regretter l'heureuse ignorance de ces sauvages chez qui « le fer et le blé », pour parler comme Rousssau, n'ont pas encore « tout perdu ».

Une remarque surtout, dans cette partie de l'argumentation de M. Passy, nous a vivement frappés, et c'est la seule que nous reproduirons en finissant. Quand on jette les yeux sur le monde, un phénomène étrange, et d'autant plus étrange qu'il se produit sur une plus vaste échelle, se manifeste aux regards. De toutes parts, comme par une sorte de concert mystérieux, on voit les matières premières, — les gommes, les textiles, les essences, les bois, — abandonner les riches et fertiles contrées où la nature les a prodiguées pour affluer, par un courant irrésistible, vers ces régions en apparence plus pauvres de l'Europe qu'on appelle les contrées civilisées. Quelle est la cause de ce prodigieux déplacement? Quelle force, semblable à l'attraction planétaire qui soulève les marées, soulève ainsi ce courant du commerce et précipite vers les mêmes parages tout le flot de la production naturelle du globe? Cette force, a dit le professeur, c'est l'attraction de la richesse, c'est la puissance du travail excité par les machines. Là, la mécanique et la science sont dans l'enfance ; le travail reste sans variété et sans énergie. L'homme, hors d'état de mettre en œuvre même les produits de son sol, sait à peine les recueillir et les transmettre : encore ne

le sait-il, la plupart du temps, que parce que des peuples
plus industrieux lui ont appris, en les demandant, à les
recueillir et à les conserver. Ici, au contraire, mille procédés divers ont donné lieu à mille industries; des machines et des inventions de toute sorte, en diversifiant à
l'infini les occupations, ont suscité de toutes parts l'activité; et pour suffire à ce travail sans cesse renouvelé, un
appel incessant doit être fait aux produits lointains que
rien ne retient ailleurs. C'est la meule qui appelle le grain,
d'autant plus avide qu'elle est plus active et plus puissante.

Ainsi, non seulement les machines, en variant et multi-
pliant les occupations, développent le travail aux lieux où
elles surgissent, mais, par cette puissance d'expansion
dont les leçons antérieures nous ont déjà donné tant
d'exemples, elles vont l'éveiller peu à peu, en attendant
le jour où elles pourront s'y transporter à leur tour, aux
lieux mêmes où elles sont encore ignorées et impossibles.
Mieux on fait, et plus on peut faire; plus on peut faire et
plus on est entraîné à faire et à faire faire; et chaque tour
nouveau de la roue du progrès accroit sa rapidité antérieure. *Accroître et améliorer le travail*; tel est donc le
rôle, le grand et admirable rôle, des machines. Et nul,
sans ingratitude et sans aveuglement, ne saurait, en présence d'un tel tableau, continuer à maudire cette puissance à la fois émancipatrice et bienfaisante. Sont-elles
absolument inoffensives cependant; et si elles font un bien
immense, ce bien est-il toujours tout à fait sans mélange?
Non, certes, a dit en terminant le professeur. Ici comme
partout, le *progrès se paye*, et il y a une ombre au tableau.
C'est cette ombre que, dans sa dernière leçon, il a essayé
de mesurer.

Dans sa précédente leçon, M. Passy s'était attaché surtout à faire bien comprendre le caractère et le rôle des MACHINES. Il les avait *montrées* développant et diversifiant le travail en le rendant plus fructueux ou plus facile ; accomplissant, aux dépens de l'infatigable et inépuisable matière, cette *grosse besogne* du ménage humain, réservée d'abord tout entière aux bras des opprimés et des faibles ; relevant ainsi graduellement la femme et affranchissant l'esclave ; faisant, en un mot, selon une énergique et heureuse expression, de l'homme « *le contre-maître et non plus le manœuvre de la création.* » (1).

C'était résoudre la question ; car ainsi qu'on l'a dit avec raison, la civilisation repose tout entière « sur l'accroissement de la *puissance productive* de l'homme », et accroître cette puissance dans l'individu, c'est, évidemment, par la plus directe et la plus inévitable conséquence, l'accroître dans la société.

Il n'était pas bien difficile, après ce premier exposé, de répondre aux objections secondaires qui n'avaient pu être abordées encore ; et, la relation étroite qui unit le progrès des machines aux progrès du bien-être une fois mise en lumière, il ne pouvait plus être question d'attribuer sérieusement aux machines la naissance ou le développement du PAUPÉRISME. Le professeur a eu bientôt montré, en effet, par une rapide et substantielle comparaison entre le passé et le présent, combien sont peu fondées ces récriminations amères contre le présent et ces apologies absolues du passé, auxquelles on se laisse trop souvent entraîner sur de premières et trompeuses appa-

---

(1) Mot de l'évêque coadjuteur de Nancy, en 1845.

rences. Il a établi, en s'appuyant au besoin sur les plus
sûres autorités, et notamment sur le beau et solide ouvrage de M. V. Modeste (1), que ce qu'on appelle le Paupérisme « *n'est pas un mal qui vient, mais un mal qui
s'en va ;* » que, si le nom est nouveau, la chose est ancienne ; et que l'industrie, qu'on accuse d'avoir déchaîné
le fléau, est, au contraire, la seule puissance qui puisse le
faire reculer et qui déjà l'ait fait. Ce qui est vrai, a-t-il dit,
c'est que jadis la misère était partout, et qu'aujourd'hui
elle se concentre, et, par suite, *s'accuse;* c'est que, jadis, la
privation, jusque sous sa forme la plus extrême (la famine),
était acceptée des puissants eux-mêmes comme une fatalité
inhérente à la condition humaine, et qu'aujourd'hui elle
est répudiée, même par les plus pauvres, comme une imperfection et un accident qui doit disparaître devant le progrès
de la richesse et de la science ; c'est que jadis, enfin, l'abjec-
tion de la majeure partie de l'humanité demeurait inaper-
çue et qu'aujourd'hui elle révolte. Et pourquoi cela ? *Parce
qu'on commence à en sortir*, et qu'avec l'espérance est né
le besoin d'en sortir tout à fait. Or, n'est-ce pas précisément aux Machines, qui ont mis aux mains des hommes
des ressources rapidement croissantes, qu'est due, pour une
bonne part, cette espérance et cette aspiration nouvelle,
comme c'est à la multiplication du savon, plus rare il y a
trois quarts de siècle encore que la poudre à poudrer, (2) **que
sont dues les habitudes** et les exigences de propreté inconnues à nos pères ? La misère, comme la saleté, ne se sent
réellement qu'après qu'on a commencé à s'en affranchir.

---

(1) *Essai sur le Paupérisme,* couronné par l'Académie des
sciences morales et politiques en 1845.

(2) En 1788, dit M. Moreau de Jonnès (*Statistique de l'industrie
en France*), la production des amidonneries où se fabriquait la
poudre à poudrer était triple de celle des papeteries ; et l'on
dépensait, pour salir la tête d'un petit nombre de personnes,
33 p. 100 de plus que pour nettoyer toutes les souillures de la
nation entière.

A plus forte raison n'y avait-il pas à combattre en détail cette autre objection, que les machines abaissent et asservissent les ouvriers dont elles partagent la tâche, et qu'avec elles « *les hommes sont sacrifiés aux produits* ». C'est pour les hommes, d'ordinaire, que les produits sont faits ; et à moins qu'on ne s'amuse à les détruire à mesure qu'ils apparaissent ou qu'on ne les réserve arbitrairement à quelques mains privilégiées, on ne voit pas comment plus de blé donnerait moins de pain, plus d'étoffes moins de vêtements, plus de métaux moins d'ustensiles et d'outils, ou plus de maisons des logements moins spacieux et moins sains. On ne voit pas comment les machines, *fruit de l'intelligence et de l'adresse*, interdiraient, à qui les emploie, l'adresse et l'intelligence. On voit, au contraire, très bien comment elles les exigent, et comment, à mesure qu'il a à manier et à diriger des instruments plus compliqués, plus délicats et plus précis, l'ouvrier est invinciblement conduit à plus de connaissance, à plus de circonspection et à plus d'exactitude. Le conducteur d'une moissonneuse à vapeur est un savant à côté du batteur en grange ou du faucheur ; le simple chauffeur a besoin d'être déjà pourvu de maintes notions de physique et de mécanique ; et il faut d'autres qualités et d'autres connaissances pour guider la marche de la locomotive que pour tenir les rênes d'un cheval.

Une seule réflexion, d'ailleurs, suffit à montrer le vice fondamental de cette objection : c'est qu'elle n'est rien moins que la condamnation absolue de tout progrès, de toute civilisation, par conséquent. La charrue n'a pas été une moindre innovation en son temps, à coup sûr ; elle n'a pas moins profondément modifié les conditions antérieures du travail, que la vapeur dans le nôtre ; et pour être conséquent, il faudrait raser les villes, détruire les routes, supprimer les moulins et anéantir l'imprimerie et tout ce qu'elle a enfanté. Les Sismondi et les Lemontey ne le proposent pas ; c'est pour un petit nombre de ré-

centes applications de la science qu'ils réservent leurs
colères, et ils font grâce à cent fois plus de machines qu_ils
n'en condamnent. Ils prétendent que celles-ci sont funestes,
tandis que celles-là étaient utiles et nécessaires. Mais qui
les a établis juges ; et de quel droit scindent-ils le problème
à leur fantaisie ? Est-ce que rien de ce qu'ils admirent a
échappé, lors de son apparition, aux résistances et aux
récriminations ? Est-ce que le métier à bas, la lampe, la
diligence, les papiers peints, n'ont pas été proscrits par la
routine ? Et les noms de Triptolème, d'Orphée et de Pro-
méthée, ne rappellent-ils pas à tous que l'humanité a
maudit le feu, le pain et les arts ? S'en voudrait-elle passer
aujourd'hui ; et n'est-il pas heureux pour elle que l'invention ait prévalu et que ces nouveautés n'aient pas été
écartées ?

Nouveautés, nous venons de dire le mot qui explique
tout ; et c'est à ce titre surtout, quand on va au fond des
choses, que certaines machines sont réellement suspectes
aux hommes distingués qui les redoutent ; c'est à ce titre
seul aussi qu'à côté d'avantages incontestables, elles peuvent apporter avec elles quelques maux véritables. Mais
*ces maux sont passagers et restreints ; ces avantages sont
durables et croissants.* Les machines anciennes ont été
nouvelles jadis ; les nouvelles seront anciennes un jour.
Ce qu'on bénit aujourd'hui, on le maudissait hier ; on
bénira de même demain ce qu'on maudit aujourd'hui. Ce
n'est qu'affaire de date ; et tout se réduit à savoir si l'on a,
oui ou non, achevé d'acquérir, en payant le prix du progrès, le droit d'en jouir désormais gratuitement. En quoi
consiste ce prix ; et qu'elle est la nature du danger inhérent aux machines ? C'est ce qu'a examiné le professeur en
terminant.

L'inconvénient des machines, a-t-il dit, — inconvénient
restreint et passager, mais réel, et que tout économiste de
bonne foi doit s'empresser de reconnaître et de proclamer,
pour ne pas justifier par l'exagération de l'éloge l'exagé-

ration du blâme, — c'est qu'elles sont *un changement.*
C'est qu'elles ne peuvent s'introduire sans modifier, sans
troubler, par conséquent, et sans suspendre plus ou moins
le travail. Quand on se bâtit une maison neuve, c'est pour
être mieux logé, quelquefois, cependant, en attendant
qu'elle soit achevée, on est exposé à l'être moins bien ; et
Franklin a dit que « *trois déménagements valent un
incendie* ». Jusqu'à un certain point on pourrait appliquer
ce mot aux machines ; et les transformations de l'industrie, les principales au moins, *sont pour elle* de véritables
déménagements. C'est la perspective d'un avantage, sans
doute, qui détermine ces déménagements ; et, pour qu'une
machine ou un procédé nouveau réussissent à se faire
leur place, il faut évidemment qu'ils rapportent plus qu'ils
ne coûtent, qu'ils accroissent, en d'autres termes, au lieu
de le réduire, la production et la rémunération, *le travail
et le salaire.* Si les chemins de fer, par exemple, ne rendaient pas plus de services que les anciens moyens de
locomotion, ils ne rapporteraient pas davantage ; puisqu'ils rémunèrent un capital plus considérable, c'est qu'ils
satisfont des intérêts plus étendus et plus nombreux. A
cette loi il n'y a pas d'exception, et le *bénéfice* même est
la constatation et la mesure du *bienfait.* Mais le bienfait
peut être, momentanément au moins, pour d'autres que
le dommage ; le lieu du travail, sa forme, les conditions
du salaire, peuvent n'être plus les mêmes ; l'industrie,
simplifiée et accrue, peut s'être déplacée et métamorpho-
sée ; et, pour retrouver intact le capital qui le soutient et
l'alimente, il faut parfois que le travail attende qu'il se
déplace, ou qu'il se transforme, lui aussi.

De là, incontestablement, un dérangement au moins
dans les habitudes, et parfois un malaise. De là même, si
le changement est considérable et brusque, et s'il s'accomplit dans une industrie étendue, des souffrances qui
peuvent être cruelles et difficiles à supporter. Telles ont
été celles des ouvriers indiens, quand la filature anglaise

a attiré à elle, par l'invention des procédés mécaniques,
le travail du coton; telles ont été, en Angleterre même,
plus près de nous, celles des tisserands à la main; en
France, enfin, et surtout en Flandre, celles des populations qui filaient le lin, victimes momentanément de la
machine tant sollicitée et si mal payée de Philippe de
Girard.

Voilà le mal, a dit le professeur. Ce mal, il faut le
reconnaître franchement, et sans chercher à le déguiser
par de vains artifices. Mais il faut se garder de l'exagérer
aussi et ne pas faire à plaisir, de crises terribles l'accompagnement obligé de tout progrès. Il en serait ainsi sans
doute, et le progrès ne serait qu'une suite de révolutions
et de secousses violentes, si les inventions se réalisaient
subitement, dans toute une branche de travail à la fois,
bouleversant tout d'un jour à l'autre, et ne laissant pas
aux ouvriers surpris par l'*invasion* de la mécanique le
temps de se reconnaître. Mais ce n'est pas ainsi que se
passent les choses. Les inventions ne se font que peu à
peu, d'abord défectueuses, puis moins imparfaites, puis
meilleures, jusqu'à ce qu'elles soient vraiment bonnes.
Réalisées et perfectionnées même, elles ne s'appliquent
que peu à peu aussi, sur une petite échelle d'abord, puis
sur une plus grande, jusqu'à ce qu'elles soient adoptées
de tous. Le défaut de capitaux ou de débouchés, la routine,
la méfiance, le prix comparatif des machines nouvelles et
des machines anciennes sont autant de causes de retardement; et, même lorsqu'ils sont le plus manifestement
nécessaires et désirés, les progrès ne s'improvisent pas.

La conséquence, c'est que les ouvriers, — comme les
capitalistes et les entrepreneurs du reste; car ceux-ci ne
sont pas à cet égard dans une condition exceptionnelle,
et pour eux, comme pour tous, le changement a ses charges
et ses dangers parfois terribles; — la conséquence,
disons-nous, c'est que les ouvriers sont conduits graduellement d'une forme de travail à une autre; qu'ils sont

avertis, mis en demeure de se préparer aux modifications
qui s'opèrent, et de délaisser à temps, par eux-mêmes ou
par leurs enfants, un métier que le progrès dépasse et
qu'il va condamner. Si bien qu'en somme, il n'y a guère
d'atteints ou de laissés en arrière par les machines que
ceux qui se trouvaient déjà dans une condition précaire,
sans ressources, sans habileté et sans prévoyance. On l'a
pu voir notamment par l'enquête faite en Angleterre (1838)
sur la condition assurément fort triste des tisserands à la
main (*handloom-weawers*). Cette enquête a prouvé,
jusqu'à l'évidence, non seulement que les anciens ouvriers
restés attachés au métier à la main étaient retenus, pour
la plupart, par le manque de volonté, d'intelligence et de
ressort pour monter plus haut, mais qu'un grand nombre
d'entre eux étaient des nouveaux venus, des déclassés de
la dernière espèce ou de pauvres Irlandais, heureux de ce
pis-aller, venant à mesure remplir les vides laissés par
ceux que le tissage mécanique appelait à de meilleures
destinées, et que ce tissage, par conséquent, n'avait pas
fait déchoir.

Les causes du mal, a ajouté M. Passy, indiquent les remèdes.

Ils se résument en deux mots : *prévoir* et *vouloir*. Il
faut savoir à temps changer d'occupation et de lieu, suivre
pas à pas le travail ou courir au-devant de lui, au lieu
d'attendre qu'il ait fui au loin. C'est par l'instruction, par
l'épargne, par l'entente, par l'habitude de se renseigner,
par la facilité à se déplacer, enfin, que ces résultats peuvent être atteints. Mais les machines — ne le voit-on pas?
— contribuent précisément à procurer toutes ces ressources et à fournir toutes ces indications. Elles mettent
sans cesse, par la publicité, le travail et le capital en regard l'un de l'autre. Elles vulgarisent et divulguent les
progrès. Elles nivellent et équilibrent les inégalités et les
différences. Elles donnent aux hommes, comme aux choses
et aux idées, la mobilité et la rapidité devant lesquelles

s'effacent le temps et l'espace. Et elles portent ainsi avec elles, comme la lance d'Achille, le remède aux blessures qu'elles peuvent faire.

La *conclusion*, donc, c'est que les machines ne sont pas exemptes d'inconvénients ; mais que ces inconvénients ne sauraient un seul instant être mis en balance avec leurs avantages. Elles sont un bien, un bien immense, permanent, croissant, accompagné parfois, à ses débuts, d'un mal réel, mais d'un mal passager, guérissable, souvent même (et de plus en plus) évitable. Faut-il, à raison de ce mal possible, s'opposer à leur développement et fixer des conditions à leur réalisation? Mais ce serait mettre le monde en tutelle, ou décréter l'immobilisme. Les machines sont une des conditions du progrès, et le progrès est nécessaire ; car il faut vivre, grandir, multiplier, et fournir à une consommation toujours croissante. Or, rien ne s'obtient gratis, et sous toutes ses formes, comme dans toutes les conditions, *le progrès coûte*. Toutes les situations, d'ailleurs, même les plus enviées, ont leurs vicissitudes ; et tous les travaux, comme celui du plus simple manœuvre, sont soumis à la loi, parfois dure, de la concurrence. L'industriel, l'écrivain, l'artiste, l'avocat, le médecin, le professeur, chacun dans sa sphère, peuvent souffrir du succès de leur voisin : un nouveau venu, faisant mieux ou avec plus de bonheur la même besogne, est, évidemment, pour eux, une machine nouvelle qui les fait passer bon gré mal gré à l'état de vieille machine. Ce n'est pas une raison pour arrêter à leur fantaisie les efforts plus heureux, et mettre l'activité et l'intelligence humaines en interdit. On profite du progrès par mille côtés ; il faut savoir, au besoin, en souffrir par un. Il, faut savoir comprendre, de plus, que cette souffrance partielle est précisément l'aiguillon qui pousse au mieux ; et que, s'il n'en coûtait pas de s'attarder, beaucoup resteraient en arrière. Il faut savoir, enfin, et surtout, respecter le droit d'autrui et accepter dans sa plénitude, sans murmure comme sans fait blesse, le seul régime qui convienne à l'homme, celui qui fait sa grandeur comme son mérite, le régime de la responsabilité. En fait de machines, comme en toute chose, c'est le premier et le dernier mot de l'économie politique, tout comme de la morale ; car les deux sciences se tiennent, et ce qui est contraire à l'une ne saurait être conforme à l'autre. Or, devant la morale (qui pourrait hésiter à le proclamer?) le progrès, — matériel, intellectuel ou moral, — est le droit de chacun. Et les machines, les inventions, les idées, les qualités, les vertus, par lesquelles chacun s'enrichit ou s'élève, ne sont que la manifestation de ce progrès et l'exercice de ce droit. C'est dire que la liberté, que la propriété, que la *vie*, en un mot, sont au fond de toutes ces discussions et de toutes ces querelles. C'est dire que ce sont elles, dans leur substance sacrée, qu'il s'agit de respecter ou de sacrifier. C'est dire qu'il est aussi grave, pour en finir, aussi insensé, aussi coupable, aussi contraire à la loi suprême qui interdit la spoliation et la violence, d'arrêter une idée dans l'esprit d'un homme, de retenir sa main prête à traduire en acte cette idée ou de briser l'instrument né de l'idée et de l'acte, que de frapper l'homme lui-même dans ses membres ou de lui arracher par la force l'argent ou le pain qu'il a obtenu par l'exercice antérieur de son intelligence et de ses organes.

Ces dernières paroles sont empruntées textuellement à la dernière des leçons imprimées de M. Passy sur les Machines (1). Elles nous ont paru la meilleure et la plus précise conclusion de ce dernier compte-rendu.

---

(1) *Leçons d'Economie Politique*, tome II, p. 133, chez Guillaumin.

4

RÉSUMÉ GÉNÉRAL.

Nous avons, dans une série d'analyses dont nos lecteurs n'ont pas encore perdu le souvenir, essayé de suivre pas à pas le développement du cours d'Economie Politique, en reproduisant, aussi fidèlement que le permettait un espace nécessairement restreint, la substance de chacune des leçons du professeur. Il nous semble qu'il manquerait quelque chose à ce travail, et qu'il n'atteindrait qu'à demi le but que nous nous sommes proposé en l'entreprenant, si nous ne présentions maintenant, dans une sorte de résumé final, un rapide aperçu de l'ensemble de ces Leçons, et si nous ne marquions une dernière fois, dans ses traits les plus essentiels au moins, le caractère et l'esprit de cet enseignement nouveau parmi nous, et qui reste encore inconnu à peu près partout.

Les *cours publics* de Nice, forcément retardés par les difficultés inévitables d'une première installation et arrêtés dès les premiers jours du printemps par la venue hâtive de la semaine de Pâques, n'ont duré en tout que trois mois, jour pour jour (du 19 décembre au 19 mars). Ce n'est pas dans un si court espace de temps qu'aucun des professeurs pouvait espérer de parcourir entièrement son programme; et tous, en effet, pour le développement de leurs sujets comme pour le charme de leur parole, ont laissé à leurs auditeurs le regret de n'avoir pu les entendre davantage. Ce n'est pas, notamment, dans un si petit nombre de séances qu'il était possible de faire un *cours* proprement dit d'Economie politique, et d'enseigner régulièrement à des auditeurs, en grande partie novices, cette vaste science. Aussi M. Passy, qui a fourni ailleurs, sans épuiser la matière, une carrière trois ou quatre fois plus considérable, s'est-il bien gardé d'y prétendre. Il a mieux aimé n'aborder qu'un petit nombre de sujets, mais des sujets de premier ordre, qui lui permissent de bien mettre en relief les grandes lois qui dominent la science ; des sujets d'un intérêt universel et universellement compris, dont le seul énoncé suffit à indiquer à tous l'importance véritablement vitale. C'était le moyen d'intéresser plus sûrement à une étude dont la difficulté apparente peut d'abord cacher l'attrait ; c'était le moyen aussi d'inspirer plus aisément, avec le désir de continuer cette étude, ces sentiments réfléchis d'équité, de bienveillance, de respect de tous les droits et de toutes les libertés, de concorde et d'harmonie, en un mot, dont la fausse science écarte, mais vers lesquels la vraie science ramène.

Le *Discours d'ouverture* est connu, même des personnes qui n'ont pu l'entendre prononcer. On sait que ce discours, tout imprégné des idées que nous venons de rappeler, mais d'un caractère nécessairement plus général, puisqu'il servait d'introduction à un ensemble de cours, a été surtout consacré à la démonstration des bienfaits de l'instruction, de l'instruction sous toutes ses formes ; et que la nécessité du progrès intellectuel et moral, comme condition première et agent par excellence du progrès matériel, y a été très énergiquement développée. La puissante influence que, par une réaction naturelle et salutaire, le progrès matériel exerce à son tour sur le progrès intellectuel et moral, n'y a pas été non plus oubliée. Enfin l'influence spéciale des connaissances économiques sur le bonheur et la tranquillité des nations, la liaison intime de la diffusion de ces connaissances avec toutes les formes du progrès matériel, intellectuel ou moral, y a été appuyée d'arguments de fait autant au moins que de considérations générales et théoriques ; et le professeur, ne séparant pas dans son programme la paix internationale de la paix sociale, dont elle est comme le couronnement et l'achèvement, s'est plu, devant l'auditoire cosmopolite qui l'écoutait, à baptiser, en terminant, du nom de SCIENCE DE LA PAIX cette science du respect mutuel et de la solidarité comprise et volontaire qui, comme le soleil de la justice dont elle s'efforce de recueillir et de répandre les rayons, ne connaît pas de frontières et ne fait acception ni de personnes ni de régions.

Les premières *leçons* proprement dites, ont été consacrées à mettre à nu, pour ainsi dire, dans la liberté morale manifestée au dehors par le travail et par l'effort, ce principe même du respect mutuel sur lequel repose, aux yeux de M. Frédéric Passy, tout l'édifice matériel de la Propriété et de ses dépendances, c'est-à-dire l'édifice entier des institutions et des relations sociales légitimes. C'est au plus profond de la conscience humaine, dans cette activité maîtresse d'elle-même et dans cette puis. sance responsable qui est le privilège de l'homme et le titre de sa supériorité indiscutable sur ce qui l'entoure, que M. F. Passy, développant la noble et solide doctrine de la philosophie spiritualiste la plus élevée, est allé, par une étude tour à tour abstraite et familière, métaphysique et expérimentale, chercher le germe fécond et l'inébranlable base de ce droit exclusif de l'homme sur les choses marquées de son sceau qu'on appelle *la propriété*.

C'est dans l'incarnation en ces choses, — *neutres par essence, mais devenues sacrées par elle* — de cette force indépendante et inviolable qui constitue la vie, dans leur *personnalisation*, pour emprunter le mot énergique et vrai de M. V. Modeste (1), que se trouve, pour qui sait pénétrer jusqu'à elle, la source première, la source unique, la source intarissable et toujours vive de cette résistance invincible qu'oppose, à toute entreprise nouvelle de la volonté et de la force humaines, la matière une fois librement et légitimememt imprégnée de cette force et de cette volonté. La propriété ainsi comprise, (résultat et mesure en même

______

(1) Dans son étude sur la *Propriété intellectuelle* et son livre sur la *cherté des grains*.

temps de *l'appropriation* méritoire et fécondante du monde à l'usage de l'homme), n'est donc, en réalité, qu'une des formes nécessaires de la manifestation extérieure de la vie. Et le fait tant controversé de la *possession indivi-* *duelle*, ce fait combattu par certaines écoles au nom du *droit naturel et primitif d'usage*, ramené au plus inoffen-sif comme au plus inévitable exercice de ce droit même d'usage, sans lequel la vie n'est pas concevable, se confond, pour participer à l'absolu respect dû à la vie, avec le fait élémentaire et inattaquable de la distinction des exis-tences, avec la personnalité, en d'autres termes.

On aperçoit, sans qu'il soit besoin d'insister, combien cette idée, une fois mise en pleine lumière, simplifie et, pour ainsi dire, résout d'avance tant de problèmes autre-ment insolubles, qui ne sont, à bien dire, que les corol-laires du problème primordial de la propriété; quelles facilités elle donne, par conséquent, pour aborder succes-sivement ces questions, si graves et si ardemment débattues, de la PROPRIÉTÉ FONCIÈRE, de l'HÉRÉDITÉ, du CAPITAL, du SALAIRE, de la LIBERTÉ DU TRAVAIL ou des MACHINES. C'est grâce à elle, et en ayant le soin de maintenir toujours ses auditeurs en présence de cette pensée suprême : *le respect de la vie*, que M. Passy a pu traiter sans embarras, tous ces difficiles sujets. Il a pu ainsi, de cette détention éphémère des objets de consommation et d'usage personnel, que nul ne saurait proscrire sérieusement, parceque nul ne saurait un instant s'en abstenir, passer sans effort, et faire passer avec lui ses auditeurs, comme par un développement naturel et forcé, à ces trois consé-quences, en apparence lointaines et discutables, en réalité directes et nécessaires, la POSSESSION PERMANENTE, la TRANS-MISSION et l'HÉRÉDITÉ. La *possession permanente*, cette occu-pation exclusive et prolongée du sol, devant laquelle ont hésité parfois de grands et nobles esprits, privilège injus-tifiable à coup sûr, si l'on ne voit en elle qu'une attribution arbitraire ou un envahissement gratuit, la création purement conventionnelle et légale d'un droit exceptionnel et privatif sur les dons spontanés de la nature; fait inattaquable et bénissable, au contraire, si l'on sait y recounaître, à l'honneur des lois providentielles qui gouvernent le monde, le résultat naturel et le légitime témoignage de l'application persévérante d'efforts intelligents à la transformation profitable à tous des forces primitives; — la *transmission*, à titre gratuit, aussi bien qu'à titre onéreux, juste et utile exercice de la faculté de disposer de soi-même en disposant de ses œuvres; — la *famille*, enfin, et son lien *l'héritage*, épanouissement régulier et nécessaire de la possession individuelle; agrandissement, par la survivance des pères dans les fils et des générations éteintes dans les générations nouvelles, de la valeur et de la quantité de la vie dans l'homme et dans l'humanité; source et condition, en un mot, de cette accumulation toujours trop lente, mais chaque jour plus rapide pourtant, de sentiments, de connaissances et de ressources, qui, à côté des patrimoines privés des individus et grâce à eux, forme graduellement le patrimoine uuiversel et commun des sociétés et du genre humain tout entier..... telles sont les idées, naturellement et comme forcément déduites les unes des autres, auxquelles une première idée juste conduit sans peine. Et c'est par cette voie non moins régulière que sûre que M. Passy, fidèle interprète des derniers et plus beaux travaux de l'Ecole économique, a amené peu à peu ses auditeurs, même les plus prévenus, à comprendre d'abord, puis à admirer et à bénir ces grandes et indestructibles bases de tout ordre et de toute prospérité sociale, qu'on ne blasphème trop souvent que faute de les connaître.

Tout l'enseignement de notre professeur (on peut le dire sans lui faire de tort), n'a été que le développement, sous des aspects divers, de ces vérités fondamentales; et luimême, dès le début, s'est plu à déclarer qu'en elles est contenue, comme en germe, toute la substance de la science économique.

Il a parlé de la Poduction, cette série de transformations, de déplacements et d'adaptations progressives des choses à l'usage de l'homme, par lesquelles l'homme, développant à la fois ses aptitudes et celles de la nature, continue, en la modifiant suivant ses lois premières, l'œuvre du créateur. Il a expliqué la Division du travail, cette séparation des tâches en vue du partage des résultats, dont la désunion apparente cache une union si réelle et si profonde. Il a présenté la théorie et l'histoire de la Liberté du travail ou de la Concurrence, cette loi naturelle et si souvent méconnue de l'activité volontaire d'un être libre, ce principe de l'ordre, aussi bien que du mouvement, cet infaillible aiguillon qui, selon le besoin, stimule et arrête tour à tour, parcequ'il n'est autre chose que la réalisation même de cette loi inéluctable du mérite et du démérite, du châtiment et de la récompense, qui enveloppe et domine tout l'homme. Et ces trois études, en ramenant invariablement les mêmes conclusions, ont achevé d'éclaircir ce qui, dans les premières leçons, avait pu paraître encore obscur à quelques esprits.

Même unité de conception et de but dans les leçons suivantes, dont l'ordre et l'enchaînement, au premier abord, peuvent paraître plus arbitraires. C'est le Capital, analysé de très près, et suivi pas à pas depuis sa naissance même jusqu'à ses plus vastes développements, comme une semence d'abord rare et presque imperceptible, qui se multiplie plus abondamment par elle-même à chaque ensemencement convenablement opéré. C'est l'Intérêt et le Salaire, effets naturels de cette productivité du capital bien employé, formes diverses, mais également légitimes et bienfaisantes, de l'association qui s'établit, pour la production ultérieure, entre la main qui a travaillé ou récolté hier et la main qui va semer ou travailler aujourd'hui. C'est la Monnaie, cette portion relativement faible et secondaire de la richesse qui sert de véhicule et d'intermédiaire à tout le reste ; cette marchandise acceptée, à titre d'*équi-*

valent et de gage provisoire, comme la représentation passagère et le *dénominateur commun* de toutes les valeurs et de tous les services, et qui devient ainsi la langue uniforme des intérêts et le lien des transactions. C'est le Crédit qui, sans amoindrir en rien le rôle de la monnaie, sans en altérer le caractère et sans permettre jamais de se passer d'elle, lui sert de levier en quelque sorte pour décupler sa puissance et étendre plus loin ses bienfaits ; et, en développant chaque jour davantage l'activité féconde de la *circulation*, c'est-à-dire l'emploi utile et productif des capitaux existants, accroît, en fin de compte, par un renouvellement plus rapide de leurs éléments, l'abondance des ressources et l'intensité de la vie sociale. Ce sont les Machines, enfin, cette partie plus spécialement agissante du capital, ces instruments variés et mobiles, ces « organes complémentaires » et ces membres de rechange, dont la science arme sans relâche le corps vulnérable et les mains débiles de l'homme ; puissance merveilleuse, qui, en affranchissant graduellement l'humanité du joug des besoins et des entraves de la faiblesse, *agit incessamment*, au profit de tous, dans le sens de la liberté et de l'égalité, et dont les derniers effets se traduisent nécessairement, quoiqu'on en puisse dire, en augmentation de puissance, de consommation, par conséquent, c'est-à-dire encore et toujours en « augmentation de la vie ».

On le voit, dans cette course forcément précipitée à travers le vaste champ de la science, il a toujours été aisé de suivre le fil conducteur qui rattachait l'une à l'autre les questions en apparence les moins voisines ; et leur diversité extérieure s'est trouvée, par la prédominance constante d'une idée supérieure, ramenée sans peine à la plus véritable et plus intime unité. Les phénomènes matériels ne sont, à bien dire, que l'écorce de la science : c'est l'homme, *agent et sujet des phénomènes*, qui en est l'objet ; c'est lui qui, dans tous ces problèmes relatifs à la richesse et au bien-être, est véritablement en cause ; et, quand on parle de son corps, c'est de son âme qu'il s'agit. » Telle a, du moins, été la préoccupation constante et visible du professeur. Et c'est à cette préoccupation, il est en droit de le croire, qu'il a dû de pouvoir intéresser jusqu'au bout à de longues et sérieuses leçons ; c'est par elle, qu'à l'exemple des maîtres illustres sous le patronage desquels il a toujours placé son enseignement, il a justifié une fois de plus cette devise, incrite, voici de longués années déjà, par le sage et aimable Droz, en tête de son charmant traité d'économie politique, mais trop peu populaire encore :

« La Morale *est la première des sciences* ; l'Economie politique *est la seconde.* »

*Rappelé à Nice, comme il l'avait été à Bordeaux, pour y
donner une seconde série de conférences, M. Frédéric Passy
reprit, dans l'hiver 1864-65, le cours de ses leçons, et eut encore
à en fournir à la presse locale les comptes rendus, que signaient
les rédacteurs.*

*Le premier de ces comptes rendus, malgré toutes les
recherches, est demeuré introuvable. On le regrettera, sans
doute. Cette perte, cependant, ne paraît pas former dans l'ensemble une lacune sérieuse. Il est à supposer qu'en repre-
nant possession de sa chaire le professeur a dû, pour renouer
le fil interrompu, faire une récapitulation rapide de l'enseignement de l'hiver précédent. Et l'on peut voir par le compte
rendu de la seconde leçon que celle-ci est bien une entrée en
matière à laquelle il ne manque rien.*

SECONDE LEÇON

La question du pain.

L'homme ne vit pas seulement de pain, avait dit M. Passy
en terminant sa première leçon ; mais il vit d'abord de
pain ; et sans la réparation au moins des pertes inces-
santes de l'organisme physique, on ne saurait même concevoir l'apparition et le développement des besoins et des
instincts d'ordre plus élevé qui, peu à peu, agrandissent la
place de l'humanité sur la terre. La question du pain est
donc une question véritablement vitale, et malheureusement c'est une question trop souvent mal comprise.

Le pain est facile à manger, et personne à cet égard n'a
rien à apprendre ; mais il n'est pas aussi facile à fabriquer, et tout le monde ne sait pas par quelle série d'opé-

rations laborieuses cet aliment, chaque jour nécessaire,
est amené chaque jour jusqu'à nos mains.

Pour que ce résultat soit obtenu, a dit M. Passy, trois
choses sont indispensables : que le grain soit produit, qu'il
soit conservé et distribué, qu'il soit manipulé et transformé.

Ce sont les trois fonctions successives de l'agriculture,
du commerce, de la boulangerie et de la meunerie.

A ces trois catégories d'opérations quel est le régime
qui convient le mieux ? Les gouvernements et les peuples,
dans la plupart des contrées civilisées, ont dit longtemps :
la *réglementation*. Et nulles professions, en effet, n'ont
été l'objet de plus de prescriptions et d'interdictions que
celles qui s'occupent de l'alimentation des hommes. La
science dit, et a toujours dit : la *liberté* ; et l'histoire, dont
les enseignements commencent à prévaloir, proclame
avec l'irrésistible évidence des faits la vérité des conclusions de la science.

Pour la production, la preuve n'est pas difficile à faire,
car la vérité n'est plus guère contestée, et M. Passy n'a pas
eu besoin de s'y arrêter longtemps. Il a tout résumé dans le
mot de Montesquieu : « Les pays ne sont pas cultivés en
raison de leur fertilité, mais en raison de leur liberté ! »
C'est toujours à ce mot qu'il en faut revenir, a dit le professeur, et il n'y a de travail vraiment énergique, intelli-
gent et fécond, que le travail que la liberté anime et que
la responsabilité dirige.

On est plus divisé encore à l'égard de la distribution.
Là aussi, cependant, les enseignements de l'histoire sont
clairs, et il est aisé de reconnaître que le monde a marché
du même pas vers la liberté et vers la sécurité. Jadis,
écarts excessifs et subits dans les prix, gaspillages impru-
dents et paniques exagérées, famines enfin, avec des récol-
tes qui, mieux ménagées, eussent pu suffire ; oscillations
graduelles et modérées, aujourd'hui ; économie attentive,
prévoyance efficace, chertés raisonnées et décroissantes

jusque sous le coup des saisons les plus défavorables : tels sont les traits principaux du régime passé et du régime actuel.

Dans l'un, le commerce était proscrit ou entravé ; dans l'autre, il est peu à peu réhabilité et chargé plus complètement de la répartition. Lui seul, en effet, peut accomplir efficacement cette tâche à la fois immense et délicate. Lui seul, sous la pression variable et irrésistible de la hausse et de la baisse peut niveler les quantités et les prix dans le temps et dans l'espace ; prélever, sur les saisons et les localités favorisées, la part des localités ou des saisons qui le sont moins, compenser le déficit des unes par l'excédent des autres, imposer le présent au profit de l'avenir ; retenir ou activer à propos la consommation par la lenteur ou la promptitude de l'offre, et faire, en un mot, comme le plus puissant et le plus sage des capitaines de navire, à chaque jour et à chaque bouche, sa juste part.

A une telle œuvre, quoi qu'on en ait pensé trop souvent, ni le plus immense pouvoir, ni le plus grand génie ne peuvent suffire, et M. Passy en a cité d'éclatants exemples. Le commerce y parvient parce qu'il s'appelle *légion* ; parce qu'il a partout des mains et des yeux ; parce que ses ressources sont multiples comme son action ; parce qu'il est tout le monde ; enfin, parce qu'il agit à ses risques et périls, et parce qu'à toute heure le bénéfice l'excite ou la perte le redresse.

Acheter bon marché, vendre cher : c'est là, disait jadis ironiquement un critique célèbre, tout le secret du commerce.

M. Passy, reproduisant une vive analyse de M. Modeste, n'a pas eu de peine à montrer que cette soi-disant critique est le plus beau des éloges. Acheter bon marché, c'est acheter à ceux qui ont le plus besoin de vendre ; vendre cher, c'est vendre à ceux qui ont le plus besoin d'acheter. C'est donc se rendre tour à tour utile des deux parts et servir, de la façon la plus désirable, d'intermédiaire aux besoins qui se cherchent et de modérateur aux divergences qui s'écartent. C'est tendre toujours vers la moyenne, et remplir à tout instant le rôle d'assureur universel.

Dans cette séance, M. F. Passy n'a envisagé que le rôle du commerce intérieur; il montrera, dans la prochaine, comment ce rôle d'assureur s'agrandit par l'intervention du commerce extérieur.

TROISIÈME ET QUATRIÈME LEÇONS

Liberté pour la culture, liberté pour le commerce, telle avait été la conclusion de la première leçon de M. F. Passy sur les SUBSISTANCES. Mais il n'avait été question, dans cette leçon, que de la production et de la distribution intérieures; et le professeur, pour plus de simplicité, s'était tenu d'abord en dedans des frontières. Il les a franchies dans les deux entretiens suivants, dont nous réunissons, à cause de l'unité du sujet, la substance dans une seule analyse.

Il nous a montré, après la répartition entre les diverses régions d'un même pays, la répartition entre les pays voisins, d'abord, et entre les contrées les plus éloignées, ensuite. Il nous a fait voir, après les ressources du commerce national, celles du commerce international, nivelant, au profit de tous, à travers le temps et l'espace, les quantités et les prix, et développant ainsi, — avec la sécurité, l'abondance, et la stabilité relatives, — la solidarité universelle et la paix, par l'échange des besoins et des services.

Cette solidarité, deux craintes, nées de deux intérêts réels, mais d'abord mal compris, l'ont empêchée longtemps de se développer en mettant obstacle à la liberté qui, seule, la fait naître. C'est la crainte de dégarnir le

marché national au détriment du consommateur, si on
permet l'exportation ; et la crainte de le surcharger au
détriment du cultivateur, si on permet l'importation.
Craintes chimériques, précautions, non seulement inutiles, mais dangereuses, et qui vont précisément contre
leur but.

L'intérêt du producteur, c'est de vendre et, par conséquent, d'être sûr de trouver des acheteurs ; à l'intérieur ou
à l'extérieur, peu lui importe. L'intérêt du consommateur, à son tour, c'est d'avoir et d'être sûr de trouver des
vendeurs ; à l'intérieur ou à l'extérieur, peu lui importe
aussi. Ces deux intérêts sont satisfaits par la liberté, et
tous deux sont contrariés par la prohibition. Privé, dans
les années d'abondance, des ressources du marché extérieur, le producteur restreint sa production au débouché
assuré du marché intérieur ; et cette production, à la
moindre atteinte, se trouve insuffisante. Privé, lui aussi,
lorsque les prix s'élèvent, des ressources du marché extérieur, le consommateur restreint sa consommation aux
fournitures assurées du marché intérieur ; et la production, dès que le rendement excède la moyenne, se trouve
surabondante. De là des alternatives inévitables de hausse
et de baisse exagérées, pesant tour à tour sur la consommation et sur la production et les arrêtant toutes deux
dans leur essor.

Avec la liberté, au contraire, l'excédent d'une année
trouve dans l'exportation un écoulement toujours ouvert ;
le déficit d'une autre a dans l'importation un remède toujours prêt : le cultivateur ne peut manquer de vendre ni
le consommateur d'acheter ; et les prix, inévitablement
ramenés, dès qu'ils s'écartent, vers une moyenne dont ils
se rapprochent de plus en plus, permettent à tous cette
prévision de l'avenir et cette pondération des profits et
des charges, sans lesquelles aucune prospérité n'est réelle
et assurée.

Le commerce lui-même, auquel il faut bien, bon gré

mal gré, avoir recours dans les cas extrêmes, n'est une ressource certaine qu'à la condition d'être un instrument sans cesse agissant. Et pour qu'il lui soit facile, au jour du besoin, d'appeler des extrémités du globe, à des conditions acceptables, les aliments disponibles, il faut qu'il lui soit loisible, au jour de l'abondance, d'expédier dans toutes les directions, avec un avantage suffisant, le surplus de l'alimentation moyenne. Le matériel, les correspondances, les capitaux, ne fonctionnent qu'à ce prix, ou ils fonctionnent mal et chèrement, comme une machine laissée au repos et chauffée à la hâte par des mains inhabiles.

La suite de ces considérations appelait le professeur à parler du mécanisme de l'*échelle mobile*, au moyen duquel on avait cru, en Angleterre d'abord, puis en France et ailleurs, concilier, par une pondération artificielle, les deux intérêts soi-disant rivaux de la culture et de la consommation, en assurant à l'une un prix rémunérateur et à l'autre un prix abordable. Il n'a pas eu de peine à montrer, par le témoignage des faits et par le jugement des hommes les plus compétents, que ces espérances avaient été également déçues, et que la prétendue compensation légale n'avait abouti, à travers beaucoup de gênes et de mécontentements, qu'à exagérer dans d'énormes proportions le fâcheux écart des hauts et des bas prix. « C'est un piège », a-t-il dit avec le président du comice agricole de Nîmes, « qui ne diffère des autres pièges qu'en ce qu'il a été tendu de bonne foi, et dont l'agriculture, qui l'a si longtemps défendu, était précisément la première et la principale victime. » La véritable échelle mobile, celle qui ne blesse ni l'intérêt ni le droit, qui agit toujours et qui ne se trompe jamais, c'est la liberté.

L'inondation des grains étrangers, produits, assurait-on, à des prix impossibles, était l'un des arguments favoris des partisans de l'échelle mobile, et elle reste encore, malgré l'écrasante réfutation des faits, un des épouvantails d'une partie de la culture française.

M. F. Passy a répondu à ces alarmes par le témoignage
des agriculteurs du Midi, par la comparaison des prix de
revient et de transport, par cet argument décisif que, dans
le seul cas où les grains étrangers puissent être énergiquement sollicités par la différence des prix, dans le cas
de cherté intérieure, jamais l'échelle mobile n'a été main-
tenue. Et il a trouvé dans cet argument la piquante réfutation d'un morceau curieux dont un orateur célèbre
avait réussi jadis, à force de précision apparente, à faire
prendre au sérieux par la législature française les assertions étranges et les chiffres purement fantastiques (1).

Si le commerce libre constitue une assurance, la
meilleure en même temps que la moins dispendieuse, il
constitue par là même une réserve, constamment entre-
tenue et renouvelée aux conditions les plus favorables ; et,
dès lors, celles que font à grands frais les gouvernements
et les communes, sous le nom trompeur de *greniers
d'abondance*, ne sont que des opérations onéreuses et
nuisibles. C'était l'opinion de Turgot, qui, dès 1770, les
déclarait formellement pernicieuses. C'est celle qui, après
une dernière expérience, a été définitivement proclamée
par M. Rouher, dans son célèbre rapport de 1863. Et sur ce
point encore, c'est avec l'autorité des faits les plus décisifs
que la science se prononce contre toute mesure gouver-
nementale ou municipale.

La science n'approuve pas davantage, malgré ce qu'elles
ont évidemment de spécieux, les interdictions prononcées,
dans les temps de cherté, contre certaines fabrications
spéciales, la *distillation* des grains par exemple. Outre
l'atteinte portée à la justice par le bouleversement subit
d'industries habituellement tolérées et parfois même en-
couragées par des avantages exceptionnels, ces mesures,
quand elles ont pour effet de rendre momentanément à
l'emploi le plus urgent de faibles quantités de grains, ont

____

(1) V. dans les lettres sur la Russie de M. C.

pour résultat inévitable de réduire dans de bien plus fortes proportions l'approvisionnement habituel, en troublant et alarmant les transactions. Elles mettent, selon le mot de l'économiste allemand Roscher, « sur les épaules de quelques-uns le fardeau qu'on trouve lourd pour tous » ; et elles aboutissent, par ces réactions inévitables, qui sont les vengeances secrètes de la liberté, à une réduction parfois importante du commerce et des ressources de l'alimentation publique.

La *Boulangerie*, la plus réglementée et la plus artificielle des industries jusqu'à hier encore, et dont la science économique réclamait depuis longtemps en vain l'affranchissement, forme le dernier anneau de cette chaîne d'opérations qui, du sillon où il croît, conduit le grain jusqu'à la table du consommateur. C'est à elle, après quelques mots seulement sur la *Meunerie*, que M. F. Passy a consacré la dernière partie de sa discussion, et ici encore, nous n'avons pas besoin de le dire, il a conclu à la liberté. Nous ne pouvons, à notre regret, résumer avec quelque chance de succès cette argumentation toute en faits et en chiffres dont le groupement faisait la force. Nous nous bornons à dire, qu'ici encore, le professeur a puisé aux sources les plus sûres ; et que ce ne sont pas seulement les écrits d'économistes tels que MM. de Molinari ou Modeste, mais l'*enquête* officielle faite par le conseil d'Etat, le *rapport* lu en séance générale devant l'Empereur par M. Leplay, et celui déjà cité de M. Rouher, qui lui ont tour à tour fourni ses armes contre la *limitation* du nombre des boulangers et contre la *taxe*. C'est avec ces documents, devenus désormais la charte économique du pays, qu'il a pu dire, en terminant, que *tous les éléments de notre régime réglementaire ont successivement déçu l'attente des fondateurs* et que *le retour à la liberté et au droit commun* était, par conséquent, *la seule solution pratique des difficultés toujours renouvelées* de ce régime.

Dans cette dernière partie de sa tâche, M. Passy avait

été amené à montrer, par quelques traits, ce que pouvait
être encore une corporation close au xix⁰ siècle. Dans la
leçon prochaine il fera voir avec plus de détails, ce
qu'étaient les Corporations des siècles précédents.

CINQUIÈME ET SIXIÈME LEÇONS

C'est aux corporations qu'ont été consacrées dans leur
entier les cinquième et sixième leçons de M. Passy. C'est
dire que ces leçons ont été surtout historiques.

L'an passé, vers la même époque, M. F. Passy nous
avait entretenus de la *Liberté du travail et de la concurrence.* Il avait alors traité la question au point de vue doc-
trinal, et nous avait fait voir dans la liberté, c'est-à-dire
dans la responsabilité, qui rend à chacun selon ses œuvres,
à la fois le principe de l'action et le principe de l'ordre,
un stimulant et un modérateur également efficaces, l'aiguillon de l'effort et le frein de l'erreur. Il a voulu, à un
an d'intervalle, non pas revenir sur les considérations
décisives qu'il avait présentées précédemment, mais en
réveiller et en fortifier le souvenir par une de ces vérifi-
cations expérimentales qui parlent aux sens autant qu'à
l'intelligence ; et il nous a conduits au milieu de ces ateliers de l'ancien régime dont beaucoup de personnes, aujourd'hui encore, se plaisent à opposer l'organisation soi-
disant régulière et protectrice à ce qu'elles appellent
l'*anarchie* de l'industrie moderne.

Comme toujours le professeur a été juste envers ce qu'il
condamnait ; et, tout en montrant sans faiblesse les abus
et les vices de ce système de tutelle permanente et de
réglementation sans mesure, sous lequel est restée étouffée
trop longtemps l'activité humaine, il a su faire la part de
la diversité des temps et se garder de ces récriminations
excessives qu'il est trop facile de prodiguer aux morts.
Les corporations, nous a-t-il dit avec leurs juges les plus

autorisés (Rossi, Renouard, E. Levasseur) ne sont pas le
fruit d'une savante et admirable conception de la sagesse
et de la bonté des rois, ainsi que le prétendent à l'envi
leurs apologistes à outrance ; mais elles ne sont pas davantage, comme d'autres l'ont soutenu, le produit prémé-
dité d'un long dessein de perversité et de ruse. Elles sont
nées tout simplement du besoin naturel d'union, qui
pousse les uns vers les autres les hommes occupés des
mêmes choses et attachés aux mêmes intérêts, et elles ont
été soutenues par le désir d'accroître les forces individuelles en les mettant en commun. Aussi trouve-t-on des
corporations plus ou moins accusées jusque dans l'antiquité et chez les peuples barbares ; en Grèce les *hétaïries* ;
à Rome, les *collèges* d'artisans ; en Germanie ou en Scan-
dinavie, les *Ghildes* et les banquets de guerriers sous le
patronage d'un héros ou d'un dieu.

La Gaule, dès le début de notre histoire, a ses associations du même genre ; et nous voyons, dans la primitive
Lutèce, la navigation de la Seine entre les mains des bate-
liers parisiens (*Nautæ Parissiences*), espèce de hanse de la
bourgeoisie de la cité, désignée sous le nom de *marchandise de l'eau* ou plus brièvement de *marchandise*, investie
de grands privilèges et décorée du titre de *splendissime*.
C'est d'elle qu'est venu le vaisseau symbolique qui figure
encore dans les armes de la ville de Paris.

Mais c'est surtout au Moyen Age, au milieu des violences
et de l'insécurité du régime féodal, que les corporations
se multiplient et se serrent. Elles sont alors, comme le dit
spécialement Rossi, le seul moyen dont les artisans dis-
posent pour assurer leur travail et leur vie ; et ce n'est
pas parce qu'elles rendent la production plus fructueuse
ou plus parfaite ; c'est parce qu'elles la rendent possible,
qu'elles prévalent partout. La question n'est pas de faire
mieux ou moins bien ; il s'agit de subsister : *to be or not
to be.*

Plus tard les choses changent. Aux artisans qui ont

appris à connaître la force de l'union, la tentation vient
de convertir cette force en instrument de monopole,et de
se faire, eux aussi, de leur profession un privilège et un
fief. Aux rcis, qui ont trouvé dans les communautés un
auxiliaire contre les seigneurs, mais qui ne veulent pas
voir se retourner contre eux la puissance dout ils ont fa-
vorisé le développement, la tentation vient à son tour de
convertir cette organisation des métiers en instrument de
police, au moyen d'impôts, et de faire payer par des rede-
vances et par une dépendance officielle la concession
des avantages qui leur sont demandés. A ces motifs se
joignent, comme préoccupations sincères chez les uns,
comme prétexte chez les autres, le souci de la bonne fabrication, celui de l'instruction de l'ouvrier, celui de la
mutuelle assistance des membres des diverses communautés ; et peu à peu se forme, par les ordonnances de
Saint Louis, par celles de Henri III, de Henri IV et de
Louis XIV, cette organisation, à la fin générale, qui embrasse dans ses minutieuses prescriptions la plus grande
partie des villes et des industries de l'ancienne France.
C'est alors que ses vices, plus ou moins cachés ou com-
pensés d'abord, apparaissent et éclatent dans toute leur
étendue.

Deux faits surtout, disent les économistes, dominent
toute cette organisation et la caractérisent : la classification officielle des métiers et l'apprentissage.

Par la classification des métiers, on avait cru faire à
chaque profession sa juste part et établir la paix entre les
industries ; par l'apprentissage, on s'était flatté de proportionner exactement le nombre des ouvriers aux besoins
des métiers, et d'assurer, avec leur éducation spéciale, la
bonne confection des produits. Ni l'un ni l'autre de ces
louables buts n'étaient atteints ; et l'on n'était arrivé qu'à

______

(1) Voir les leçons d'Economie Politique de M. F. Passy,
Tome 1, leçon 9*.

organiser, à la fois, la coalition permanente des maîtres
et la servitude des ouvriers ; à rendre la production chère,
insuffisante et vicieuse, et à mettre le consommateur à la
merci du producteur. On avait surtout érigé la routine en
droit, et frappé d'interdit l'esprit de progrès. Les règlements de chaque corporation ayant dû, pour fixer les limites de son domaine propre, déterminer à la fois les
objets dont la fabrication lui était dévolue et la manière de
fabriquer ces objets, tout changement dans les procédés
était nécessairement une atteinte à la tradition consacrée
et tout produit nouveau rentrait, par quelque côté, dans
les attributions d'une ou de plusieurs communautés prêtes
à se lever, avec toute la violence du privilège blessé, contre
le téméraire qui menaçait leur repos. Le progrès était
ainsi non seulement un dommage, mais un délit contre
lequel la magistrature et l'administration étaient sans
cesse mises en demeure de sévir. Et les infortunes de Ré-
veillon, d'Argant, de Jacquart, qui sont dans toutes les
mémoires, ne sont que des exemples plus éclatants ou
plus connus des misères qui étaient, au siècle dernier, la condition commune. Les règlements, en immobilisant une
chose mobile par essence, agissaient à toute heure en sens
inverse de l'instruction et des talents.

Les privilégiés, d'ailleurs, ne s'en trouvaient pas mieux
que le public ou les ouvriers, et le monopole, en supprimant la concurrence des individus, n'avait fait que lui
substituer une concurrence à la fois plus stérile et plus
âpre, celle des corps. Entre ces communautés, qui s'é-
taient partagé comme un patrimoine le marché du travail,
les points de contact étaient journaliers et inévitables,
les limites douteuses ou contestées, les envahissements
réciproques, incessants, et la guerre permanente. Ce sont
les querelles des couteliers de lame et des couteliers de
manche ; celles des apothicaires et des épiciers ; celles des
fileuses au grand rouet et au petit rouet ; ou celles des
savetiers, des savetonniers et des cordonniers, dans

lesquelles se dépense plus de temps et plus d'argent que dans toute une grande branche d'industrie. C'est la question des chapeaux de castor et demi-castor, mettant en émoi, pendant tout un siècle, le conseil du roi et le Parlement. Ce sont, en cinquante ans, 72 règlements intervenus pour fixer les rapports de la grande communauté des merciers avec les communautés voisines ; ou la guerre des oyers rôtisseurs et des poulaillers, dix fois longue comme la guerre de Troie ; ou celle, plus interminable encore, des tailleurs et des fripiers. Deux siècles et demi n'avaient pas suffi, à toutes les juridictions de l'ancienne monarchie, pour établir avec sûreté les caractères qui distinguent un habit neuf d'un vieil habit. Et sans l'édit de 1776, qui vint brusquement couper court au débat en abolissant les privilèges rivaux, ce grave problème serait encore pendant sans doute. A toutes ces puérilités on dépensait par an, à Paris seul, plus de 800.000 livres, sans parler du temps.

Joignez à cela la perpétuelle intervention de la royauté ; les impôts, les ventes de maîtrises hors cadre ; les créations d'offices ; les tracasseries et les poursuites des agents du fisc et des inspecteurs des manufactures ; les marchandises saisies ou brûlées pour un fil de plus ou de moins que ne le prescrivaient les règlements ; les violations de domicile ; les amendes et le pilori, et toutes les vexations sans nombre qu'engendre l'habitude d'une surveillance minitieuse et routinière ; et vous aurez une idée de la vie que faisait à ses privilégiés eux-mêmes ce régime des corporations, dont on parle si souvent sans le connaître. Une citation de Roland, inspecteur général des manufactures, dans laquelle tous ces griefs sont résumés avec l'irrécusable autorité de l'expérience personnelle, a complété ce tableau en en fixant les traits dans la mémoire des auditeurs. Et c'est à cet homme de bien, trop effacé par l'éclatante et étrange figure de Mme Roland, que M. Passy a demandé la conclusion de ses leçons.

« Je cherche vainement quels règlements de fabrique il
« conviendrait de laisser subsister pour le bien du com-
« merce. Je les ai tous lus. J'ai longtemps médité sur
« cette froide et lourde compilation. J'en ai envisagé
« l'effet et suivi les conséquences. Je crois qu'on les doit
« tous supprimer. J'ai également recherché s'il résulte-
« rait quelque avantage de leur en substituer d'autres.
« Partout, en tout, je n'ai jamais rien vu de mieux que
« la liberté. »

C'est à la liberté, en effet, proclamée enfin bientôt après,
que la France a dû, malgré bien des causes de retardement, l'incomparable essor de son industrie. Et si nous
voulons voir cet essor grandir encore, ce n'est pas à rede-
mander au passé ses lisières pour en embarrasser de
nouveau le travail ; c'est à faire disparaître graduellement
les entraves qui ont subsisté ou celles qui ont été rétablies,
que doivent être appliqués sans relâche notre vigilance
et nos efforts.

SEPTIÈME LEÇON.

*Laissons les capitaux, les industries et les salaires se
faire, par la liberté, une justice que nos lois arbitraires
ne leur feraient pas.* Ainsi parlait, il y a bientôt vingt
ans, sauf à se contredire presque le même jour, en défen-
dant le droit au travail et la réglementation du commerce
des grains, l'une des voix les plus éloquentes et, par
moment, les plus écoutées de ce siècle, la voix retentissante de M. de Lamartine. S'il était d'usage que les orateurs profanes, à l'imitation des orateurs sacrés, conden-
sassent, pour ainsi dire, par avance, dans une citation
brève et expressive, toute la substance des idées dont
leurs discours forment le développement, M. F. Passy, en
abordant l'importante question qui a rempli ses deux
dernières leçons, n'aurait pu trouver un texte plus appro-
prié que ces belles et simples paroles, oubliées peut-être,

du poète brillant qui les prononça, mais recueillies et
conservées par les économistes, justement frappés de leur
précision et de leur force. Ce que le professeur avait fait
d'abord pour les *subsistances*, ce qu'il a fait ensuite pour
les *professions* et les *métiers*, ce qu'il va faire maintenant
pour le *capital*, il l'a fait, dans ces deux entretiens, pour
les SALAIRES ; et il a montré tour à tour, par l'exposé des
faits et par l'appréciation de leurs conséquences, combien
d'efforts ont été tentés de tout temps pour substituer, aux
lois naturelles du salaire, des lois artificielles, et combien
de tout temps ces efforts ont été, non seulement infruc-
tueux, mais funestes.

Jadis, a-t-il dit, et pendant bien des siècles, c'est à
déprimer le salaire que se sont appliqués habituellement
et les dépositaires de l'autorité publique et les maîtres
organisés en corporations privilégiées. Le droit de réglementer le salaire découlait naturellement du droit de
permettre et de réglementer le travail, considéré par les
anciens souverains comme l'une des prérogatives essentielles de leur puissance suprême ; et la « coalition des
entrepreneurs » était, pour parler comme M. Wolowski,
« l'état normal des agrégations de corps et métiers. »

Les dispositions législatives et les statuts intérieurs destinés à produire ce résultat abondent dans l'histoire de
tous les pays de l'Europe ; et l'on n'a, en vérité, que l'embarras du choix. M. F. Passy en a cité un grand nombre,
depuis cette obligation imposée jadis aux cultivateurs, en
Angleterre, de spécifier dans leurs baux le nombre d'attelages de bœufs et le nombre *d'attelages d'hommes* attachés à leur exploitation, jusqu'à ce *code des ouvriers*,
promulgué par Edouard III, après la peste de 1348, aux
termes duquel les ouvriers et domestiques étaient tenus
de travailler, sous le fouet au besoin, « en se contentant
des mêmes salaires et livrées qu'autrefois » ; depuis les
réquisitions et corvées de charpentiers et de maçons employées par le même Edouard III pour bâtir le palais de

Windsor, jusqu'aux procédés analogues mis en usage par Louis XIV pour élever la colonnade du Louvre ; depuis l'édit de François Ier, en 1541, sur le *devoir* des imprimeurs de Paris et de Lyon, coupables d'avoir voulu obtenir « de plus gros gages et une nourriture plus opulente », jusqu'à cette ordonnance de 1723, qui obligeait les manufacturiers de Rouen à fermer leurs ateliers du 15 juin au 15 septembre, afin d'empêcher le renchérissement du salaire des moissonneurs.

Comment oublier encore ces *engagés*, véritables esclaves à temps, (*indented servants*) que l'Angleterre envoyait, au xviie siècle, à ses colonies d'Amérique ; ces proscrits politiques, donnés par le roi Jacques II, à ses favoris comme autant de gratifications de 10 livres sterlings, et ces vagabonds devenant, pour la magistrature elle-même, l'objet d'un trafic qui révolte à la fin jusqu'à Jeffriès ; ou ces enlèvements de gens sans aveu, et bientôt d'honnêtes gens, par les *bandouliers du Mississipi*, succédant, en 1719 et 1720, aux mariages par ordre et aux expéditions de détenus et de détenues, par lesquels on avait d'abord essayé de coloniser les terres de la Louisiane ? Dans toutes ces mesures, M. F. Passy n'a pas eu de peine à le montrer, ce qui éclate, c'est le mépris du travail, et le mépris de l'homme qui travaille ; c'est l'absence de toute notion vraie sur la nature du salaire et son caractère sacré ; c'est la pensée, enfin, qu'il dépend des pouvoirs publics d'en modifier le taux à leur gré et qu'il leur est loisible de le faire.

Pensée fausse en droit, pensée funeste en fait ; car cette dépréciation arbitraire, évidemment fatale aux intérêts de ceux qui la subissaient comme une violence, ne transformait pas seulement pour eux le travail en un joug odieux et détesté ; elle nuisait à la production, elle compromettait la paix publique, et elle n'était pas, en réalité, moins contraire aux vrais intérêts de la royauté qu'à ceux des entrepreneurs et des maîtres.

5

L'abîme appelle l'abîme : *abyssus abyssum invocat*. A leur tour, et par une inévitable réaction, les salariés, autorisés par l'exemple d'en haut à penser que la loi et la contrainte peuvent influer sur le taux des salaires, ont cherché à élever artificiellement ce taux par l'emploi de tous les moyens à leur disposition. Et de là sont nées les ligues, les unions, les grèves, les coalitions, les menaces et les violences. De ces tentatives aussi, non moins que des lois toujours impuissantes par lesquelles on a longtemps cherché à les réprimer ou à les interdire, le professeur a présenté un tableau aussi complet que le permettait la brièveté du temps ; l'on a pu, notamment, suivre dans son récit toutes les péripéties de la législation anglaise : depuis ces 36 statuts accumulés les uns sur les autres, dont les pénalités croissantes n'ont fait, de l'aveu de tous, qu'accroître et envenimer le mal, jusqu'aux lois plus douces de 1824, 1825 et 1859, qui, en proclamant, enfin, la liberté de tout concert pacifique, ont réservé désormais toutes les sévérités de la justice pour les actes de violence, d'intimidation ou de menace.

HUITIÉME LEÇON.

Ces longues et parfois sanglantes représailles n'ont pas eu, hélas ! plus de succès que n'en avaient eu les procédés contraires ; et les coalitions d'ouvriers, quelque menaçantes qu'elles aient été souvent, quelque vastes proportions qu'elles aient atteintes, avec quelque ensemble, quelque intelligence, quelque persévérance et quelque énergie qu'elles aient été conduites, n'ont jamais abouti qu'à des déceptions et le plus ordinairement même à des désastres. Elles ont coûté cher souvent, cela est vrai, aux entrepreneurs contre lesquels elles étaient dirigées ; parfois elles les ont ruinés complétement. Mais ruiner ou appauvrir les entrepreneurs n'est pas le moyen d'enrichir ceux

qu'ils emploient ; et le capital étant la source du salaire,
ce n'est pas en tarissant celui-là qu'on peut accroître celui-
ci. C'est du développement du capital, au contraire, aussi
bien que du rendement meilleur du travail, que dépend
le développement des salaires ; et les intérêts des ouvriers
et ceux des entrepreneurs, au lieu d'être, comme on le
croit souvent, opposés, sont, en réalité, concordants et
harmoniques. A un capital abondant et bien employé correspond un salaire assuré et élevé ; à un bon salaire, un
travail avantageux. Et l'industrie, pour laquelle est indispensable le concours simultané de ces trois forces : (travail, intelligence et capital), n'est au fond qu'une association et une coopération véritable, exigeant, pour être
fructueuse à tous, une commune bienveillance et une
commune application à la tâche commune.

La science, interprète des faits, constate donc également
l'impossibilité d'accroître artificiellement la part du capital ou la part du salaire ; et elle enseigne, par conséquent,
aux ouvriers comme à ceux qui les emploient, aux capitalistes, aux entrepreneurs et aux salariés, à se respecter
mutuellement et à éviter les procédés arbitraires et vio-
lents qui, d'une part et de l'autre, ont été trop souvent
essayés.

Mais, en donnant très instamment ce conseil, en recom-
mandant même au législateur et à l'administrateur.
comme l'une des principales portions de leur tâche, de
veiller attentivement à ce que jamais la menace et la contrainte ne viennent peser sur les conditions du contrat
qui se forme entre celui qui fournit le travail et celui qui
le paie, elle ne saurait ratifier en aucune façon l'interdic-
tion aveugle trop souvent prononcée, dans la plupart des
législations, contre toute espèce de concerts ou de ligues
entre ouvriers ou entre maîtres, quels que fussent d'ailleurs, les caractères et le but de ces accords. Là où il y a
des intérêts communs, il est impossible, quoi qu'en ait
voulu dire le législateur de 1791, qu'il n'y ait pas des pen-

sées communes ; et proscrire absolument toute manifestation, même pacifique, de ces pensées communes, ce
n'est pas, comme on se le figure parfois, les empêcher de
naître ; c'est les pervertir et les aigrir en les refoulant. Ce
n'est pas en ne discutant jamais les conditions de leurs
situation respeçtive ; c'est, au contraire, en les discutant
habituellement et contradictoirement au grand jour, que
les patrons et les ouvriers peuvent apprendre réciproque-
ment la justice, la modération et le respect ; et c'est ainsi
que la paix, qui naît de la lumière, et de la lumière seule,
peut se faire de plus en plus entre eux, pour leur avantage,
et pour celui de la société entière.

Le salaire ne dépend, au fond, ni de la volonté de celui
qui le paie ni de la volonté de celui qui le reçoit : il dépend du rapport incessamment mobile qui existe entre
le capital et le travail, et il est subordonné à la loi suprême de l'offre et de la demande.

« Quand deux maîtres courent après un ouvrier, a dit
M. Cobden, le salaire monte ; quand deux ouvriers courent après un maître, le salaire baisse. » Voilà la loi, en
deux mots ; et c'est une formule aussi inflexible que celle
de l'équilibre des liquides. Mais, pour respecter une loi,
il faut y croire.

Or, toute mesure qui, de façon ou d'autre, fait ou semble
faire obstacle au libre débat des intérêts et à l'expression
naturelle des prétentions, a inévitablement pour effet de
mettre en suspicion cette loi qu'elle nie en essayant de
s'y substituer. Elle ouvre donc la porte à toutes les espérances comme à toutes les colères, et elle devient, contre
son but, une semence permanente de défiances, de jalou-
sies, de mécontements et d'exigences sans mesure. La
neutralité seule convient au législateur, et est à la fois
conforme à la justice et à l'ordre.

A l'appui de ces dernières paroles, le professeur, après
avoir rappelé les progrès accomplis depuis un quart de
siècle, en Angleterre, en Belgique et en France, dans le

sens de cet apaisement si désirable, cite, en terminant, le texte d'un *communiqué* adressé, il y a trois mois à peine, par le ministre de l'Intérieur, à divers journaux de Paris, à l'occasion d'une pétition tendant à obtenir du préfet de la Seine l'augmentation de certains salaires.

« La seule énonciation d'un tarif des salaires arrêté par l'autorité, est-il dit dans ce *communiqué*, est tellement incompatible avec le principe de la liberté de l'industrie, qu'on s'étonne d'une telle assertion. *Il n'y a aucun tarif de salaires ; et, ni le préfet de la Seine, ni aucune autorité ne seraient compétents pour en fixer un.* »

A cette expression si nette de la doctrine désormais officielle, M. Passy n'a cru devoir ajouter qu'une chose, c'est la citation textuelle des paroles par lesquelles, il n'y a pas moins de quatre ans, il concluait lui-même une étude sur ce grave sujet. Voici ces paroles, qui termineront le compte-rendu comme elles ont terminé la leçon : « La paix dans le travail, j'ose l'affirmer, ne sera complétement assurée que lorsque ce but sera atteint. »

« L'illusion, l'utopie, l'envie ne seront bannies des esprits que le jour où l'on saura partout, en bas, comme en haut, mais en haut, comme en bas, *qu'il n'appartient à personne, ni à l'ouvrier, ni au maître, ni au magistrat, ni à une autorité quelconque de réglementer ni le travail ni le salaire*; qu'une loi plus haute et plus puissante, contre laquelle il n'y a ni droit royal ni droit populaire, la loi de l'offre et de la demande, en règle le rapport ; et qu'à part cette loi souveraine, qu'ils doivent subir également, mais subir en connaissance de cause, le travail et le capital sont libres, libres par essence comme tout ce qui émane de la personnalité humaine, et sacrés comme elle (1). »

____

(1) V. Leçons d'économie politique, 16ᵉ leçon, tome 1ᵉʳ, p. 557.

NEUVIÈME ET DIXIÈME LEÇONS

L'intérêt

On trouve tout simple qu'un arbre porte des fruits, et qu'un animal ait des petits. Mais on s'étonne quelquefois de voir le capital produire un revenu. L'un, pourtant, n'est pas plus étrange que l'autre ; ou plutôt c'est une seule et même chose. Le capital, c'est la portion fructifiante de la richesse, l'ensemble des ressources de toute nature, mises en réserve pour être employées à la préparation de ressources nouvelles, la part prélevée sur la récolte passée du travail pour servir de semence à sa récolte à venir ; et il est de l'essence même de cette semence, lorsqu'elle est convenablement employée, de rendre au-delà d'elle-même, précisément parce qu'il est de l'essence du grain confié à la terre avec les précautions convenables de se reproduire avec accroissement.

Posséder ce grain qui donne un épi, disposer de cette semence qui rend plus qu'elle-même, c'est un avantage qui n'a pas besoin de commentaires. Garde-t-on cet avantage pour soi, l'excédent qu'on en retire se nomme le *profit*. Le confère-t-on à un autre, en lui abandonnant, sous réserve d'une compensation variable ou fixe, la disposition et le profit de son capital, cette compensation, qui n'est au fond qu'une partie de l'excédent qu'on renonce à recueillir directement, se nomme *intérêt*. C'est le prix d'un service, la compensation d'une privation, la prime d'un risque : c'est donc, de tous points, une chose naturelle et juste. C'est, de plus, une chose utile et profitable à tous, puisque, grâce à la convention dont cette rétribution est le nœud, les bienfaits du capital se trouvent à la fois assurés à celui qui le possède et communiqués à celui qui ne le possède pas.

Dans l'état d'isolement, on ne peut cueillir que les fruits

de l'arbre qu'on a planté de ses mains. On ne peut, non
plus, avoir les fruits de son arbre, qu'autant qu'on les
cueille de ses mains ; et il faut à la fois, pour tirer parti
d'un outil, l'avoir fabriqué soi-même et l'employer soi-
même. Dans l'état de société, et grâce à l'échange des
services qui se manifeste ici par le prêt, une seule de ces
deux conditions suffit. On peut, selon les cas, ou s'aider
des outils que l'on ne serait pas en mesure de faire, ou
tirer parti de ceux que l'on ne serait pas en état de
manier. On a, moyennant une redevance, part aux fruits
de l'arbre d'autrui, ou l'on fait, moyennant l'abandon
d'une partie de la récolte, cueillir par autrui les fruits de
son arbre. L'on gagne ainsi tantôt l'indépendance et le
loisir, tantôt la force et la richesse : double et mutuel
bienfait, dont l'habitude seule nous empêche d'apprécier
suffisamment l'importance et l'étendue.

Telles sont, en peu de mots, les considérations par lesquelles, dans ses deux derniers entretiens, M. F. Passy a
justifié devant ses auditeurs, non seulement la productivité du capital, ou la rente, mais la stipulation d'un loyer
pour l'usage du capital livré par son détenteur à des mains
étrangères, et la liberté des conventions qui fixent ce
loyer. Du moment où le capital, quelle que soit d'ailleurs
sa nature et sa forme, ne représente autre chose qu'une
épargne sur le produit d'efforts antérieurement accomplis,
du moment où il n'est, comme on l'a dit avec une énergique concision, que du travail réservé, il est clair que ce
travail, qui d'abord était libre de pas se produire et
qui, ensuite, était libre de ne pas se réserver, est libre
encore de ne se livrer comme auxiliaire d'un travail nouveau qu'aux conditions qui lui conviennent. Et du moment,
d'autre part, où le travail actuel accepte ou réclame l'assistance du travail antérieur et consent à payer cette assistance, il est clair aussi que nul n'a qualité pour l'en empêcher, non plus que pour l'y contraindre, et que c'est à
lui, et à lui seul, à peser à la fois les avantages et les

charges du concours qui lui est offert, ou de celui qu'il
sollicite.

Cette liberté, a ajouté M. F. Passy, est effectivement
reconnue pour toutes les formes du capital, moins une ;
et l'on ne s'aviserait plus de prétendre fixer par la loi le
fermage des terres, le loyer des maisons ou le prix des
denrées. Le maximum, en toutes ces matières, est universellement répudié comme un expédient inepte et brutal, qui va toujours contre son but ; et l'on sait, enfin,
grâce aux nombreuses et terribles leçons de l'expérience,
que si la taxation légale implique toujours spoliation, elle
n'implique pas moins nécessairement déception. Ce sont
deux choses qui se tiennent ; la Providence, qui ne se
contredit pas, a voulu que l'utilité ne se trouvât jamais en
dehors de la justice.

Une seule exception, à bien dire, subsiste encore : c'est
celle qui frappe l'argent, ou, plus exactement, les transactions de diverse nature qui s'évaluent communément
en numéraire. Exception plus nominale que réelle, en
vérité, car depuis longtemps les lois restrictives du taux
de l'intérêt sont à peu près tombées à l'état de lettre
morte. Ce n'est que de loin en loin, et comme une rémi-
niscence d'autrefois, que des poursuites, dont s'étonnent
ceux mêmes qui les font, viennent remettre en évidence
l'existence d'un maximum en cette matière. C'est à titre
d'épouvantail, beaucoup plus qu'à titre de répression
effective, que la loi de 1807 pèse sur les affaires. Elle y
pèse assez, toutefois, pour avoir des conséquences extrêmement fâcheuses ; et ne dût-elle plus être appliquée, il
serait utile encore d'en demander l'abrogation.

Cette exception, en effet, reste d'un temps où l'on con-
sidérait l'argent comme stérile et improductif, n'est rien
moins qu'un dernier et significatif vestige du mépris aveugle qui pesait jadis sur le commerce, et de la répulsion
déplorable qu'inspiraient à nos pères les juifs persécutés
du moyen âge. Elle perpétue, en leur donnant l'apparente

consécration de la loi, des sentiments et des idées qui ne sont plus de notre époque ; et elle va directement à l'encontre des progrès de l'industrie et des lumières devant lesquels s'effacent chaque jour ces regrettables préjugés. Elle n'est plus, d'ailleurs, en l'état de nos lois, qu'une contradiction flagrante dans l'esprit et dans les termes mêmes. La doctrine de la stérilité absolue du capital, professée sans adoucissements pendant de longs âges, est abandonnée sans retour. Il est reconnu de tous désormais, — de l'autorité religieuse comme de l'autorité civile, — que l'argent est productif, et que, par suite, l'usage de l'argent peut et doit se payer. La conséquence n'est-elle pas qu'il doit se payer ce qu'il vaut ; c'est-à-dire ce que l'évaluent, après libre débat, et celui qui le cède et celui qui le reçoit ? C'est la loi de toutes les valeurs. Et il n'y a aucune raison pour que l'argent, qui n'intervient que comme leur représentation et leur équivalent temporaire, qui n'est qu'un capital intermédiaire, destiné à obtenir les autres, une marchandise provisoire dont on ne se sert qu'en s'en défaisant, échappe par aucun côté à la loi commune. Il y est 'e premier et le plus inévitablement soumis, au contraire. Et plus qu'aucune autre forme de la richesse, il se refuse à toute estimation absolue et invariable. Ce qu'il vaut, ce qu'il rapporte, ce qu'il court de dangers, dépend à la fois de circonstances générales et de circonstances particulières, de son abondance ou de sa rareté, de l'état des esprits, de l'emploi auquel on le destine ou de la main qui l'emploie.

Il est naturel, dès lors, que l'argent soit plus ou moins payé, selon les cas ; et, puisque les avantages diffèrent d'un emprunteur à un autre, puisque d'un prêteur à un autre les sacrifices et les risques ne sont pas les mêmes, il est impossible que des conditions uniformes parviennent à équilibrer jamais par une compensation équitable ces deux termes incessamment mobiles. Tout taux légal ne peut être qu'une moyenne, vraie parfois comme résul-

5.

tante, mais forcément fausse et inévitablement blessante dans la plupart des cas particuliers. Autant vaudrait, en vérité, parce qu'on aurait relevé avec soin la moyenne des tailles ou celle des appétits, prescrire à tous les habitants d'un pays des habits moyens et des rations moyennes. Le papier est de bonne composition, et il n'y a rien qu'on ne puisse inscrire, si l'on y tient, dans un article du code; mais la pratique est moins accommodante, et on ne lui impose que ce qui est praticable.

Tout ce qu'on gagne à ordonner l'impossible et à prescrire le nécessaire, c'est de rendre difficile ce qui était simple, de fausser les consciences en troublant les notions naturelles du juste et de l'injuste, de déconsidérer la loi en la condamnant à de perpétuelles et inévitables *violations*, et, finalement, de donner soi-même, avec l'éclat et le retentissement qui s'attachent aux affaires publiques, l'exemple de fouler aux pieds ses propres déclarations et ses propres préceptes.

Est-ce que jamais Etat, contenant dans sa législation les plus sévères menaces contre *le prêt* ou contre *la liberté de l'intérêt*, a échappé pour son compte à l'inflexible loi de l'offre et de la demande? Et peut-on citer un seul emprunt public qui ne soit un hommage forcé à cette loi? Le crédit des particuliers, par hasard, serait-il d'autre nature que celui des gouvernements?

Comment, quand on voit des établissements tels que les Banques de France et d'Angleterre élever par moments leur escompte jusqu'au double de ce qui a *été longtemps* déclaré usuraire, imaginerait-on empêcher les banquiers, qui tirent leurs fonds de ces Banques, ou les commerçants, qui ont recours au crédit des banquiers, de se couvrir à leur tour en percevant un intérêt au moins égal à celui qu'ils sont contraints de servir?

Le Mont-de-Piété de Paris prête sur gages, à des conditions qui ne descendent jamais au-dessous de 9 1/2, qui parfois s'élèvent à 30 et à 40 p. 100. C'est une institution

de bienfaisance, dit-on. Et un particulier qui aurait prêté,
sans gages, aux mêmes clients, à 6 p. 100 ou à 7 p. 100
pourrait être légalement passible des peines afférentes à
l'usure! Quel contraste dans ce simple rapprochement!

En voici pourtant un plus saisissant encore peut-être,
et que nous croyons devoir reproduire :

Un homme, a dit M. Passy, loue, moyennant 1 fr. 50
par jour, une de ces petites charrettes à bras qui servent
au colportage des rues. Au bout de l'année, il a payé, pour
trois cents jours, 450 francs, pour un objet de 200 francs,
et il n'a rien acquis. Le prêteur de charrettes, qui perçoit
plus de 200 p. 100, est inattaquable, et personne ne son-
gerait à lui chercher querelle : c'est un louage. Mais ce
colporteur a un camarade, moins pauvre que lui, qui possède 200 francs d'économies. Un beau jour il les lui demande, pour s'acheter ce véhicule qui lui est indispensable,
en offrant de lui rendre au bout de l'année 225 francs,
— juste moitié de ce qu'il paie annuellement. La loi lui
interdit cette transaction, qui, pour un prix moindre,
mais une fois payé, le rendrait propriétaire de son
gagne-pain, car c'est un prêt, et ce seraitde l'argent em-
prunté à 12 1/2 p. 100. Et l'on appelle cela protéger la
faiblesse et la pauvreté des emprunteurs! Franchement,
il n'y a ici qu'un mot qui convienne, et Rossi l'a prononcé : « Cela n'a pas le sens commun. »

L'usure a tenu une grande place dans le passé ; et les
querelles des débiteurs et des emprunteurs ont joué dans
l'histoire, à toutes les époques, un rôle considérable. On
sait ce qu'elles étaient à Rome, et l'on n'a pas oublié la
retraite du peuple sur le Mont-Sacré. M. Passy, qui a
l'habitude de demander à l'histoire la justification expérimentale et l'éclaircissement de tous ses exposés de principes, n'y a pas manqué cette fois ; mais nous dépasserions
évidemment les limites d'un compte-rendu si nous cher-
chions à le suivre dans cette partie de sa tâche. Nous pouvons, d'ailleurs, pour cette revue, renvoyer à l'*Esprit des
lois*, où se trouve si vivement éclairci tout ce qui touche

aux dissensions romaines. C'est aux lois contre l'usure,
on le sait, que Montesquieu, avant Turgot, attribue la
naturalisation de l'usure ; et Joseph de Maistre, après ces
grands penseurs, a remarqué non moins finement que les
mesures contre la cherté font la disette, qu'il s'agisse
d'argent ou qu'il s'agisse de grains : « Que le gouvernement laisse faire, a-t-il dit, et l'on fera mieux que lui. »

C'est que l'usure, qui sert encore de prétexte au maintien des restrictions dont il s'agit, est, assurément, une
chose funeste et blâmable, mais qu'elle n'a ni les caractères ni les causes que trop habituellement on lui attribue.

Ce n'est pas le commerce de l'argent qui est blâmable ;
c'est la fraude dont ce commerce n'a pas le privilège d'être
exempt. Ce qui importe, ce n'est pas le taux des conventions ; c'est leur loyauté. Et c'est à réprimer la violence et
le dol, non à interdire aveuglément tel ou tel chiffre toujours arbitraire, que doit s'appliquer, par conséquent, la
salutaire vigilance des lois. Or, la fraude est d'autant plus
facile à discerner et à punir que plus de latitude est
laissée aux transactions honnêtes ; et elle a d'autant
moins de prétextes et d'excuses que les affaires sérieuses
se traitent plus aisément au grand jour. La concurrence
éclaire et défend à la fois les emprunteurs, comme elle
sert de guide aux acheteurs, en facilitant l'établissement
d'un prix-courant. Et, si l'on ne veut pas que les gens
besogneux ou simples soient livrés désarmés aux exigences des trafiquants de bas étage, il ne faut ni leur
fermer sans merci la porte des prêteurs honnêtes qui
respectent la loi, ni ajouter aux risques naturels de leur
situation les risques artificiels de la simulation, de la
peine et de la flétrissure, qui viennent compliquer ces
opérations difficiles. C'est sur eux qu'en retombent les
frais, et ils sont trop souvent écrasés sous ce pavé protec-
teur.

« Il faut que les affaires aillent, a dit Montesquieu. Et
quand on déclare malhonnête une chose nécessaire, on

n'empêche pas cette chose de se faire, mais on l'empêche de se faire honnêtement ; et tout ce qu'on gagne, c'est de rendre malhonnêtes gens ceux qui la font. »

La vraie garantie, ici comme ailleurs, c'est donc toujours la liberté Elle seule peut donner sinon le prix bas, du moins le prix vrai, et assurer aux capitaux leur meilleur emploi en les détournant des voies dangereuses et des mains équivoques, pour les livrer de préférence aux mains les plus sûres et aux destinations les plus profitables. On a voulu tour à tour étendre et restreindre le crédit par la loi, et notre siècle est riche en inventions de ce genre. Toutes sont impuissantes, a dit en terminant M. Passy, ou pour mieux dire, toutes sont funestes, et la liberté seule est à la fois l'aiguillon et le frein. Qui dit crédit contraint ou crédit uniforme, dit crédit aveugle. C'est un crédit clairvoyant qu'il nous faut, c'est-à-dire un crédit sensible et variable ; et cette différence des taux dont on s'épouvante n'est que la manifestation de cette clairvoyance et de ce discernement.

ONZIÈME LEÇON.

L'organisation du travail, dans le sens qu'on attribuait naguère à ce mot, autrement dit le *socialisme* et les formes principales sous lesquelles s'est produite, de nos jours, la prétention de réformer le monde de fond en comble, en un tour de main : tel a été l'intéressant objet des deux dernières leçons de M. Passy. Nous ne pouvons donner qu'une idée bien insuffisante de ces leçons, dans lesquelles une grande place était naturellement occupée par les détails biographiques et par les citations ; et nous n'avons d'autre prétention que d'en tracer un imparfait et aride sommaire.

Après avoir rapidement énuméré les conséquences di-

verses de la liberté du travail, conséquences successivement
envisagées par lui dans ses précédentes leçons, et toutes ré-
sumées dans le droit de disposer de soi-même, de ses facultés et du produit de ses facultés ; après avoir rappelé que
le respect de cette liberté n'est autre chose que la mise au
concours des biens de ce monde, c'est-à-dire l'observation
de la loi suprême de la responsabilité ; le professeur s'est
demandé comment l'application d'une loi si juste pouvait
rencontrer tant d'ennemis et susciter tant de résistances.

Deux causes, a-t-il dit, expliquent ce phénomène. D'une
part, la liberté du travail, comme tout autre but proposé à
l'homme ici bas, n'est jamais complètement atteinte ; et de
nos jours, par exemple, malgré les promesses de la loi du
2 mars 1791, malgré de nouveaux et récents progrès, il s'en
faut de beaucoup encore que toute trace de réglementation dans l'industrie ait disparu. Il y a donc toujours dans
les faits des imperfections plus ou moins graves, doulou-
reuses parce qu'elles sont des dérogations à la concurrence, mais qu'un œil superficiel ou prévenu peut prendre
aisément pour des effets de la concurrence.

D'autre part, la responsabilité est une loi équitable ;
mais précisément parce que c'est une loi équitable, c'est
une loi sévère. Elle met chacun à sa place, et il est inévitable que ceux qu'elle ne met pas aux premiers rangs se
trouvent souvent mal placés.

De là, deux sortes d'adversaires : ceux qui prennent les
lacunes de la liberté pour les vices de la liberté, et ceux
auxquels les vertus de la liberté font peur, parce qu'ils
n'aiment pas la lutte et l'effort. Joignez à cela l'aspiration
invincible des hommes vers le bonheur illimité, leur goût
pour le merveilleux, leur perpétuel besoin de se soulager
par la plainte et de s'agrandir par l'illusion ; et vous aurez
l'explication de tous les systèmes imaginés depuis l'origine
pour substituer à l'organisation *naturelle* une organisation
artificielle, — invariablement destinée, selon les inven-

teurs, à rouvrir au genre humain la porte fermée du paradis terrestre.

Faire l'énumération complète de ces systèmes est chose impossible, et M. Passy ne l'a pas tenté. Ils sont sans nombre, par la raison que les cerveaux diffèrent et que, lorsqu'on rêve, chacun fait son rêve à sa façon. Mais un œil un peu exercé a bientôt reconnu, sous les diversités apparentes, la similitude du fond ; et ce fond, c'est la pensée orgueilleuse que le monde tel qu'il a été organisé à l'origine, n'est qu'une imparfaite ébauche, à laquelle il est nécessaire que l'inventeur qui propose sa formule vienne enfin mettre la main.

Quant aux procédés, il va sans dire qu'on ne marchande pas le pouvoir à un révélateur qui apporte avec lui le secret de la félicité sans bornes. C'est donc toujours l'*arbitraire* comme moyen de réalisation ; c'est toujours aussi, quelque illusion que se fasse souvent à elle-même la bonne foi des inventeurs, le *communisme* comme dernier mot. Liberté personnelle, propriété, famille, tout passe successivement dans l'inflexible engrenage de la logique réglementaire ; et, une fois qu'on a mis la main sur la responsabilité humaine, il faut ou la confisquer tout entière ou reculer. On commence par des idylles; on finit par les travaux forcés; on s'endort aux doux refrains de la fraternité, on se réveille dans une étable. A cet égard, les preuves abondent, malheureusement, et l'on n'a que l'embarras du choix. De Platon à Cabet, de Muncer et de Jean de Leyde à Babeuf, de la Cité du Soleil de Campanella à l'utopie de Thomas Morus, toujours et partout, violent ou mystique, raffiné ou grossier, philosophique ou sauvage, le communisme arrive aux mêmes résultats; et la *République* de Platon avait du premier abord atteint l'idéal. Communauté des femmes, communauté des enfants, abaissement des citoyens à la condition d'un troupeau de moutons gardés par des chiens, que dirigent des bergers, tout s'y trouvait; et tout a passé, sous des noms plus ou moins nouveaux, mais sans altération essentielle, dans les plans des communistes postérieurs. On n'a qu'à voir, par exemple, dans la description de l'Icarie, à quelle servitude sont condamnés les estomacs harmoniens, astreints de par la loi à faire quatre repas par jour et recevant régulièrement à cet effet leur ration obligatoire. C'est le régime d'une prison. Et rien n'y manque ; pas même l'attirail des corbeilles et des cruches réglementaires.

Despotisme insensé, s'est écrié M. Passy, par lequel on se flatte en vain d'atteindre à la richesse en accroissant l'effort, mais auquel, toutes les fois qu'on en a tenté l'application, ont répondu invariablement la paresse et la ruine. Despotisme, d'ailleurs, que les plus beaux résultats matériels ne suffiraient pas à justifier ; car ce qu'il enlève à l'homme est au-dessus de tout ce qu'il prétend lui donner en échange ; et comme on l'a dit jadis avec raison à propos de l'émancipation des noirs, *le bonheur même de l'esclave n'absoudrait pas l'esclavage.* Aussi le communisme pur est-il peu en faveur : il a des côtés trop grossiers et trop manifestement répugnants pour séduire longtemps les hommes. Et quoiqu'il tienne en réalité une grande place dans l'histoire des aberrations de l'esprit humain, peu de réformateurs, dans notre siècle au moins, ont osé le professer ouvertement.

Au premier rang des systèmes qui se défendent d'avoir avec lui aucune parenté, et qui cependant se rattachent à lui par des liens aussi étroits que manifestes, figure celui de M. Louis Blanc, momentanément si célèbre et si puissant, et auquel paraît plus spécialement affecté le nom d'*organisation du travail* dont l'avait décoré son auteur.

Des ateliers *sociaux,* établis au moyen d'un emprunt spécial et faisant aux ateliers *privés* une concurrence nécessairement ruineuse, de manière à absorber graduellement toute l'industrie dans la main de l'Etat ; l'égalité absolue des salaires ; l'intérêt collectif et le devoir comme

moyen d'émulation et de travail ; des écritaux, couverts de
devises *ad hoc*, faisant à chaque instant appel au point
d'honneur des travailleurs ; enfin, à l'arrière-plan et dans
le lointain vaporeux d'un état DÉFINITIF habilement dissi-
mulé derrière l'état TRANSITOIRE, *le travail en raison des
facultés et la consommation en raison des besoins* : tel
était, en deux mots, ce système fameux.

M. Passy n'a pas eu de peine à prouver qu'il mécon-
naissait de tous points la nature humaine et blessait profondément la justice ; que si l'on peut se faire tuer une
fois par dévouement, on est poussé au travail de tous les
jours par des mobiles plus prosaïques, quoique fort respectables encore : le besoin de vivre soi et les siens ; que,
plus la récompense est voisine de l'effort, et plus l'effort
est vif et soutenu ; et qu'enfin au lieu de supprimer comme
il le prétendait la concurrence, c'est-à-dire le sentiment
de l'intérêt personnel inhérent au cœur de l'homme,
M. L. Blanc ne faisait que la rendre plus âpre en la retour-
nant contre son but. On n'aurait pas rivalisé dans ses ateliers sociaux, à qui ferait mieux, mais à qui ferait moins
bien, et, au lieu de produire le plus possible et de consommer le moins possible, on aurait produit aussi peu et
consommé autant qu'on l'aurait pu. Certes, l'honneur et
la fraternité sont de belles choses, mais à leur place et dans
leur mesure. M. L. Blanc avait raison de rappeler que tout
travail est un devoir social et que chacun vit pour tous ;
il avait tort de vouloir que ce sentiment fût le seul qui
subsistât dans les âmes et d'affaiblir le devoir lui-même
en lui enlevant l'aide et l'appui indispensables de l'intérêt
personnel.

DOUZIÈME LEÇON

Une grande idée animait aussi la doctrine Sainte-Simo-
nienne, celle de l'importance du développement terrestre
de l'humanité et de la dignité du travail matériel. Cette

idée était juste comme réaction contre un mépris sans
excuse, et un ascétisme exagéré. Mais elle se faussait et
devenait à la fois dangereuse et immorale en s'exagérant
jusqu'à la réhabilitation et la sanctification de la chair,
avec son cortège de rêveries mystiques ou grossières sur
l'émancipation de la femme, sa disposition hiérarchique
des capacités et la despotique infaillibilité de son pape
industriel. La doctrine de Saint-Simon, telle que l'avaient
rapidement faite, après lui, ses disciples, aboutissait clairement à la suppression effective de la propriété et de la
liberté ; et la rénovation réclamée n'était plus qu'une utopie non viable. La devise fameuse : « *A chacun selon sa
capacité, à chaque capacité selon ses œuvres,* » est incontestablement belle et vraie. Mais c'est précisément celle
que réalise la concurrence Aussi les hommes distingués qu'elle avait séduits momentanément, sont-ils depuis longtemps revenus à la liberté ; et si le saint-
simonisme, comme aspiration et comme tendance, a
exercé sur notre société une influence incontestable et
qui ne s'est point affaiblie, comme système il n'a laissé
aucune trace sérieuse. Les exagérations et le ridicule de la
mise en scène avaient tué l'école avant que le jury la
condamnât.

On parle bien moins encore, aujourd'hui, et l'on a raison, du système de Robert Owen, ou système de la *bienveillance universelle*. Mais on a tort d'envelopper l'homme
dans le même oubli que l'idée ; car c'est incontestablement
une des plus curieuses et plus nobles figures de ce siècle.
R. Owen, né en 1771, de parents pauvres, et livré de
bonne heure à l'apprentissage des affaires, dut à son intelligence et à sa probité d'épouser la fille de son patron,
le riche manufacturier Dale. Placé bientôt, comme associé,
à la tête d'une grande filature de coton, fondée, dès 1784,
par son beau-père, à New-Lanark en Ecosse, il y trouva
d'abord toutes choses dans le plus déplorable état. Les
ouvriers, véritable écume des trois royaumes, étaient

rongés par la paresse, par la misère et par l'ignorance, en proie à tous les vices, et de plus divisés par de violentes querelles religieuses. Owen, dès son arrivée, entreprit la tâche difficile d'améliorer le sort et les mœurs de ces hommes, et,en quatre années, il y réussit. Il y réussit sans châtiments et, sans contrainte, sans autres moyens qu'une inépuisable et manifeste bienveillance constamment appliquée à la recherche des véritables intérêts de ses subordonnés. En même temps, et grâce à une probité qui commandait la confiance, il fit prospérer l'établissement, au point d'acquérir lui-même une immense fortune. Encouragé par ces succès, il voulut, à partir de 1812, entreprendre de réformer le monde, et se mit alors à systématiser ses idées pour appliquer à l'humanité ce qui lui avait si bien réussi sur les bords de la Clyde. Le fond de sa doctrine, déduite de cette bienveillance qui avait fait sa force, fut la suppression des peines et des récompenses, l'irresponsabilité absolue de toutes les actions, et la communauté poussée jusqu'à l'abolition de toute supériorité, même d'intelligence. Avec de telles exagérations, dont l'avait heureusement préservé, d'abord,sa position d'associé responsable, rien n'était plus possible ; et rien, en effet, ne lui réussit désormais. Les deux mondes furent tour à tour témoins de ses essais ; mais ni sa grande fortune, ni son activité prodigieuse, ni son dévouement infatigable, ne purent prévaloir contre les vices éclatants du système. La négation du bien et du mal n'est évidemment pas un moyen d'action ; et en face du fatalisme il n'y a qu'à se croiser les bras.

Il y a davantage à prendre dans le fouriérisme, bien que Fourier, comme homme, n'ait pas fait dans le monde aussi grande figure. Dans ses écrits, qui ont été à peu près ses seuls moyens d'action, beaucoup de choses sont mauvaises et blâmables ; et les excuses des disciples ne sauraient, assurément, désarmer la critique. Que le prophète n'ait pas toujours été sérieux, qu'il ait voulu rire ou piquer

la curiosité par des boutades, c'est possible ; et les mers
de limonade, les antilions ou *porteurs élastiques*, surtout
la célèbre bataille des petits patés (qui, après tout, en vaut
bien une autre) peuvent à la rigueur passer pour avoir ce
caractère. Mais il y a des choses avec lesquelles la plaisan-
terie n'est pas permise, et, évidemment, Fourier ne plai-
santait pas quand il présentait à l'humanité, comme des
perspectives de nature à l'attirer à sa doctrine, les charmes
du régime *phanérogames* et du *ménage progressif*. Il faut
appeler les choses par leur nom, et celles-là sont de pures
immoralités, qui ne seront jamais trop sévèrement jugées.
Par contre, il faut reconnaître, dans la plupart des travaux de Fourier, des parties critiques extrêmement remarquables et des vues de détail d'une grande finesse. Il
faut, en dépit d'une exagération évidente, accorder une
attention sérieuse à l'idée d'utiliser plus heureusement la
diversité des penchants et des aptitudes. Il faut, surtout,
constater une vue profonde et juste des avantages et de la
force de l'association dans le plan du phalanstère. Le tort
de Fourier, qui avait si minutieusement classé et analysé
les passions et les instincts de l'homme, était d'en avoir
oublié deux, tout au moins, qui rendaient irréalisable
l'embrigadement et le casernement général rêvé par lui :
la paresse, qui en présence d'un « *minimum très décent* »
garanti en tout état de cause à chacun des membres de la
communauté, aurait probablement multiplié outre mesure
les *groupes* et *séries* de *dormeurs* et de *fainéants* ; et le
goût du chez-soi, qui fera toujours préférer par la plupart
des hommes la possession absolue d'un carré de choux, à
la jouissance partagée et un peu nominale des beaux jardins de Sémiramis. « *Mon verre n'est pas grand ; mais je
bois dans mon verre.* » Ce mot d'un poète n'est que le cri
du cœur humain, et il est la condamnation du phalanstère.

Ce n'en est pas moins, il faut le reconnaître, cette partie
du fouriérisme qui était la plus sérieuse. C'est elle, très

certainement, qui avait séduit la plupart des adeptes. Disons plus, la foi à l'association, commune à tous les systèmes de rénovation et de réforme, est le sentiment dominant qui a survécu au naufrage de ces systèmes. C'est elle qui, après un discrédit plus apparent que réel, reparaît au jour depuis quelque temps, sous diverses formes. Il est donc naturel de l'étudier plus spécialement.

TREIZIÈME ET QUATORZIÈME LEÇONS

Deux heures pour traiter la grande et vaste question de l'Association; c'était évidemment trop peu; et il s'en faut bien, en effet, que la rapide revue, essayée par M. F. Passy dans ces étroites limites, ait été complète. A plus forte raison, cette analyse ne saurait-elle l'être. Nous ne pouvons qu'indiquer, à la suite du professeur, quelques-uns des points les plus essentiels; et nous sommes *forcés de* renvoyer à ses *Leçons* imprimées (1) les lecteurs curieux de plus de développements. Dans le *Cours* de Montpellier, d'où est né cet ouvrage, cet unique sujet, — étudié avec un soin particulier, il est vrai, — n'a pas rempli moins de cinq séances. Il n'était pas alors, cependant, aussi en faveur qu'aujourd'hui; et l'on ne se préoccupait guère, en France du moins, ni de cette société anglaise des Pionniers de Rochdale, ni de ces Banques allemandes de crédit mutuel, dont tout le monde a depuis entendu parler, et sur lesquelles M. Passy, en terminant, nous a donné de si intéressants détails.

L'association a été, pendant une assez longue période, un de ces mots que l'on ne prononce guère de sang-froid, parce que l'on ne prend pas suffisamment la peine d'en définir le sens, et derrière lesquels se livrent à l'envi

____

(1) *Leçons d'Economie politique professées à Montpellier.*

combat les exagérations les plus opposées. Talisman pour les uns, épouvantail pour les autres, il semblait, en vérité, que de ce seul point dépendît à tout jamais le sort de l'humanité, et qu'il dût suffire, pour tout perdre ou pour tout sauver, de l'adoption ou du rejet d'une formule. Aux yeux de ceux-ci, l'association était la plus désastreuse et la plus coupable des folies ; aux yeux de ceux-là, c'était une infaillible panacée ; mais pour tous, ou peu s'en faut, c'était une nouveauté, destinée à changer du tout au tout les bases traditionnelles de l'ordre social. Pour la plupart aussi, il faut le dire, c'était, c'est encore peut-être, une puissance d'un autre ordre et d'une autre nature que la liberté, son contrepoids et son antipode en quelque façon ; et l'on manquait rarement d'opposer l'une à l'autre, comme deux rivales sinon comme deux ennemies, ces deux forces soi-disant distinctes dans leurs tendances comme dans leur origine : la liberté et l'association.

C'est à dissiper ces confusions par une analyse plus rigoureuse que s'est d'abord attaché M. Passy. Il a montré, d'accord avec la langue qui depuis longtemps le proclame, que toute *société* est une association, c'est-à-dire une union plus ou moins étroite d'intérêts, d'efforts et de satisfactions ; et qu'avant d'être conviés à entrer dans les cases bien ou mal combinées de tel ou tel système contemporain, les hommes étaient unis par des liens nombreux et inévitables. Depuis la première entente entre deux sauvages pour s'emparer ensemble de la proie qui échappe à un seul, jusqu'à ces perpétuels échanges de produits, de services, de connaissances et de ressources qui font concourir à la moindre de nos jouissances ou de nos œuvres les points les plus divers et les plus extrêmes parfois de l'espace et du temps, l'isolement n'est nulle part, l'union est partout. L'orateur romain, il y a près de vingt siècles, parlait de la *Société du genre humain.* Ce n'était pas là une vaine métaphore ; c'était l'expression exacte de la vérité; et le genre humain forme, en effet, une association universelle. Association trop vaste, sans doute, pour que l'œil puisse en suivre les innombrables mailles, et qui souvent même échappe tout à fait aux regards; association réelle et bienfaisante pourtant, puisque nul ne s'en trouve exclu, et que c'est par elle que chacun de nous est ce qu'il est et peut ce qu'il peut. Association souple, en même temps que forte, dans laquelle chacun peut se mouvoir à son gré sans en sortir, qui embrasse l'activité de tous ses membres sans étouffer celle d'aucun, et qui les unit à toute heure sans les enchaîner jamais.

Que les véritables caractères de cette association naturelle, et jusqu'à un certain point involontaire, n'aient pas toujours été aperçus, et que l'on n'ait pas suffisamment compris à quel point elle accroît par une assistance mutuelle la puissance et la valeur de chaque unité humaine et de chaque groupe d'unités, à la rigueur on peut le concevoir : l'horizon est trop vaste, les faits du premier plan retiennent trop vivement l'attention et « les arbres », suivant une expression naïve et fine en même temps, « empêchent de voir la forêt. »

Mais comment ne pas s'étonner que les arbres eux-mêmes aient été si peu observés? Comment expliquer que, de cette chaîne immense qui nous rattache les uns aux autres de proche en proche jusqu'aux derniers, les anneaux les plus immédiats au moins, ceux que chacun tient dans sa main et dont il l'a chargée lui-même, aient été souvent si peu compris? Qu'est-ce donc que la famille, sinon la plus intime et la plus complète des associations? La commune n'en est-elle pas une; et la province aussi; et l'État également? N'en est-ce pas une que la religion, et plus généralement le service commun de mêmes intérêts et l'attachement à de mêmes idées? N'y a-t-il pas des associations d'étude, des associations de travail et d'affaires? N'est-ce pas par l'association des capitaux et des

efforts que se sont accomplies la plupart des grandes
œuvres industrielles de notre temps ? Et serait-il donc si
difficile de signaler dans des institutions et dans des
usages qui se retrouvent partout et jusqu'aux premiers
âges du monde, quelques unes précisément des formes
et des combinaisons les plus ardemment prônées de nos
jours comme des révélations ? Est-ce que c'est hier qu'on
s'est aperçu que les petits ruisseaux font les grandes
rivières, et qu'on a songé à réunir en nappes abondantes
les mille gouttes d'eau de l'épargne ? Est-ce que personne
n'a entendu parler de syndicats d'irrigation, de dessèche-
ment, ou d'endiguement ; de fermes par actions, et même
d'exploitations en commun, comme la fabrication des
fromages dans les *fruitières* du Jura et de la Suisse ?
Est-ce qu'enfin, avant Fourier, jamais deux hommes n'a-
vaient eu l'idée de se chauffer au même feu et de s'é-
clairer à la même lumière ? La veillée était-elle inconnue
de nos paysans ; et la famille, le collège, le couvent,
l'armée ou l'hôpital n'ont-ils pas, depuis longtemps, et
sur une grande échelle parfois, appliqué le régime des
achats et des consommations en commun et réalisé par
anticipation le plan du phalanstère ? Pourquoi ces combinaisons n'ont-elles pas été plus universellement adoptées, et pourquoi la communauté d'achats et de consommations n'est-elle pas devenue la règle unique ? C'est
qu'au delà de certaines limites, et en dehors de certaines
conditions, cette communauté se complique de difficultés
qui substituent rapidement la perte au profit, ainsi que le
prouvent avec trop d'éclat les comptes des grands hôpi-
taux et des grands établissements de bienfaisance. C'est
que, comme toute discipline et toute formule, elle suppose une similitude de goûts et une dépendance réciproque qui, même dans ces limites, en rendent souvent la
réalisation difficile ou même impossible ; témoin la répugnance invincible qui a écarté des plus belles cités-
casernes les ouvriers pour lesquels elles avaient été cons-

truites. C'est enfin que la contrainte et l'arbitraire, comme ces médecins qui n'ont qu'une prescription, ne connaissent qu'une formule, tandis que la liberté en a mille ; et que des mêmes avantages se retrouvent, sous des dénominations différentes, mais sans atténuation, dans une foule de combinaisons en apparence étrangères à l'idée d'association, et qui cependant la réalisent : la boutique, où l'on trouve en permanence un agent et un *pourvoyeur* commun ; le journal, que l'on soutient de ses cotisations pour jouir ensemble de sa publicité ; le cabinet de lecture, où l'on va chercher le même feu, la même lumière et les mêmes livres ; les voitures publiques, les spectacles, les hôtels, et tant d'autres inventions qui font tout pour l'épargne sans rien faire contre la liberté.

Que ce ne soit pas là le dernier mot de l'association et que des combinaisons différentes puissent être tentées avec succès, cela n'est pas douteux, et il y avait aveuglement à le nier. Mais ces progrès, ce n'est pas d'un réglement uniforme, c'est de l'expérience et des ressources variées de l'initiative personnelle qu'il est permis de les attendre. Car l'association n'est pas une restriction, elle est, au contraire, une extension de la liberté individuelle ; et c'est parce qu'ils sont maîtres d'eux-mêmes, et dans la mesure dans laquelle ils le sont, que les hommes peuvent se concerter et s'unir.

Les mêmes réflexions s'appliqueraient évidemment aux assurances, aux sociétés de secours mutuels, aux bibliothèques et aux cours populaires et autres, et, en général, à toutes les formes de la prévoyance collective. Mais le temps manquait pour aborder cette portion du sujet ; et c'est à l'*association ouvrière* et aux efforts tentés pour la réaliser que M. Passy a cru devoir consacrer plus spécialement la seconde partie de son étude. C'était en effet le côté le plus controversé et le plus séduisant du sujet. C'est l'association ouvrière qui enflammait les uns, qui irritait les autres, il y a peu d'années, c'est elle, comme l'attestent les 53 rapports des délégués à l'Exposition de Londres, qui reste la préoccupation principale des ouvriers intelligents des grandes villes ; c'est sur elle, enfin, que de récentes expériences ont attiré de nouveau l'attention générale.

L'ASSOCIATION OUVRIÈRE, ce n'était rien moins, naguère, pour beaucoup de ses adeptes, que la suppression du *salariat* par le moyen de ce que l'on appelait la *participation aux bénéfices*. Souvent même, il faut le dire, leur foi était plus ambitieuse encore, et elle allait jusqu'à une sorte de nivellement général des conditions et des fortunes par l'abolition du capital, de la concurrence et des différences de rétribution. C'était ce qu'on appelait alors affranchir le travail de la *tyrannie du capital* et mettre fin à l'*exploitation de l'homme par l'homme*, en substituant la *solidarité* à l'*individualisme*.

Il n'a pas été difficile au professeur de réfuter ces exagérations en montrant que la solidarité n'a jamais été aussi étrangère à l'industrie qu'on voulait bien le dire ; et il a pu également, en mettant en relief les véritables mérites de l'association, faire comprendre que les améliorations à attendre de son développement n'étaient pas précisément celles qu'on s'en promettait.

Toute entreprise industrielle, a-t-il dit d'abord, quelles que soient sa nature et son étendue, est forcément une association formelle d'*intelligence*, de *capital* et de *travail*, donnant, à peine de ruine, sous les noms de *profit*, d'*intérêt* et de *salaire*, à chacun de ces trois termes un *dividende* proportionnel à son *apport*. Le salaire, quelque faible qu'il soit, est donc en réalité une *participation à forfait aux bénéfices* : participation insuffisante peut-être si la liberté est violée, mais nécessairement équitable si elle est respectée, et équivalente ; dans ce cas, à la moyenne des répartitions que pourraient donner des règlements d'inventaires sociaux. Ce n'est donc pas des dures exigences de la concurrence, c'est des restrictions qui peu-

vent empêcher des effets naturels de la concurrence, que
les ouvriers pourraient avoir ... u de se plaindre, et c'est
dans cette voie que la science doit appuyer leurs réclama-
tions. Ce n'est pas, non plus, en réduisant en faveur du
travail la part du capital ou celle de l'intelligence, encore
bien moins en supprimant la rémunération nécessaire de
ces indispensables auxiliaires, que la transformation du
salaire fixe en quote-part variable et aléatoire peut avoir
pour l'ouvrier des conséquences heureuses : c'est en lui
faisant mieux comprendre l'intérêt qu'il a au succès de
l'œuvre commune, et le stimulant ainsi à mériter davantage par une collaboration meilleure, c'est-à-dire en
accroissant à la fois sa mise et le produit total à partager.
Est-il nécessaire de rappeler que depuis longtemps de
nombreux essais ont été faits dans cette voie, et de citer
toutes les combinaisons tour à tour pratiquées pour établir
une relation entre la quantité ou la qualité du travail et sa
rétribution ? L'ouvrage à la tâche ou aux pièces, l'entreprise en sous-ordre, la pêche à moitié, l'exploitation en
participation de certaines mines, les primes sur les économies et les amendes pour les déchets, le métayage, le
cheptel, et bien d'autres arrangements qui datent de loin,
sont des formes plus ou moins heureuses, mais évidentes,
d'associations de ce genre.

Ces formes peuvent-elles être perfectionnées et mul-
tipliées ? Est-il possible de rendre plus visible, plus étroite,
plus intime, la solidarité souvent méconnue qui unit l'un
à l'autre les divers intérêts engagés dans toute entreprise
petite ou grande ? Peut-on même, par la mise en commun
des plus faibles ressources, arriver à constituer des com-
pagnies exclusivement ouvrières, et transformer ainsi en
actionnaires et en associés des salariés de la veille ? Incontestablement on le peut, et à cet égard les faits les mieux
avérés ne laissent place à aucun doute. Mais ils établissent
en même temps que ces résultats ne sont possibles qu'à
diverses conditions, dont la première est de s'exposer aux

pertes pour avoir droit aux bénéfices, en d'autres termes
de se transformer en capitalistes et en entrepreneurs avant
de prétendre aux avantages du capital et de la gestion.
C'est-à-dire qu'il faut, selon l'importance de ce qu'on tente,
être pourvus de ressources personnelles ou en situation de
s'en procurer par le crédit, moyennant rétribution et
sûretés. Il faut aussi, et ce n'est pas moins important, de
l'ordre, de la discipline, de la prévoyance, l'unité d'une
pensée dirigeante et l'observation des règles de la prudence industrielle et commerciale. Il faut, enfin, respecter la concurrence, c'est-à-dire la liberté, et avoir
égard à l'inégalité des efforts, des aptitudes ou des tâches.
Sans ces conditions, rien n'est possible ; et c'est ce qui
ressort avec éclat des succès, comme des insuccès, des
associations ouvrières de diverses natures dont l'histoire a
été rapidement esquissée. Ne pouvant rappeler ici cette
histoire et ses vicissitudes attachantes et émouvantes
parfois, nous nous contentons d'énumérer brièvement les
principaux enseignements qui en ressortent avec le plus
d'évidence.

Toutes les associations ouvrières, qui ont vécu ou pros-
péré, étaient formées par des ouvriers d'élite, non seulement habiles dans leur travail, mais encore capables de comprendre et de discuter le maniement des affaires, d'apprécier l'importance de la comptabilité et de sentir la nécessité de la discipline dans l'atelier ; de plus hommes convaincus, sinon même exaltés, énergiques et moraux. Beaucoup, avec ces conditions, ont échoué.

Toutes, à leurs débuts, ont profondément souffert de
l'insuffisance de leur capital ; toutes ont dû, pour former
ou accroître leur fonds social, s'imposer les plus durs et
parfois les plus héroïques sacrifices ; et ce n'est qu'en raison du développement de ce fonds qu'elles ont pu marcher
avec quelque sûreté.

Toutes, plus ou moins rapidement, et la plupart dès
leurs premiers pas, se sont vues, malgré les termes souvent

contraires de leurs statuts, contraintes de renoncer à la fois à l'égalité des salaires et à celle des attributions. En dépit du point d'honneur, de la faculté de signer ses travaux et de la trempe véritablement exceptionnelle des caractères, l'égalité complète ou seulement approchée des salaires s'est trouvée, jusque dans des associations enthousiastes comme celle des *tourneurs en chaises*, insuffisante à soutenir l'émulation; et il a fallu graduellement, par des voies ouvertes, ou par des voies détournées, en revenir à proportionner la rémunération au travail. Et quant à la direction des affaires sociales, il a toujours fallu, pour qu'elle fût possible, une autorité sérieuse et puissante. Les associés ont pu rester, en dehors du travail et de la gestion, parfaitement égaux et fidèles jusqu'au bout à leur idéal de fraternité; mais au comptoir et à l'atelier la hiérarchie est respectée, sévère même. Si certains gérants sont révocables, ils ont du moins, pendant leurs fonctions, un mandat étendu ou même *illimité*. On cite des fondeurs en cuivre, tous ouvriers de choix et se connaissant de longue date, qui s'étaient associés sur le pied de l'égalité la plus entière : au bout de six semaines, l'un d'eux était transformé, d'un commun accord, en gérant absolu, dans le bureau duquel on n'entrait pas sans être appelé.

C'est ainsi, pour citer les propres paroles de l'un des principaux organes des vœux des ouvriers pendant la période de 1848, que « l'étoile du communisme a rapidement pâli devant les faits, et que l'égalité des salaires, l'absence complète de concurrence et la direction industrielle par l'Etat, se sont évanouies, devant les impossibilités » de la pratique. C'est ainsi que « les plus ardents parmi les ouvriers ont été mis à même de juger, par leur propre expérience, de l'exagération dans laquelle ils tombent parfois, eux salariés, quand il s'agit d'apprécier *les loisirs et le gain du maître*. Les ouvriers qui ont eu la direction de ces associations *savent à quoi s'en tenir sur ces deux points*; et leur opinion, communiquée à tous, ne sera pas sans résultat pour la conciliation, si désirable à opérer, entre *ces deux catégories de travailleurs.* »

Ainsi parlait, dès la fin de 1849, le journal l'*Atelier.* Ainsi avait parlé, près de dix-huit mois auparavant, à l'assemblée constituante, un représentant ouvrier, M. Corbon, discutant dans un rapport célèbre « cette question *grosse d'espérances fondées et en même temps d'espérances illusoires.* Il déclarait, à ceux qui comptaient trop sur la puissance et sur les ressources de l'Etat, que leurs « associations *volontaires* devaient, de toute nécessité, se soumettre *aux conditions de la concurrence* qui sont les *conditions mêmes de la liberté du travail* » ; et affirmait *avant tout* que le *travailleur doit être fils de ses œuvres,* mériter « par lui-même la possession de son instrument de travail, et *s'élever par des efforts soutenus et patients au lieu d'attendre qu'on l'élève.* »

Ainsi, à plus forte raison, devons-nous parler aujourd'hui, après quinze années d'expériences dont les dernières ont été si significatives et si consolantes; et telle a été la conclusion de ces dernières leçons. Croire qu'il suffit de juxtaposer des hommes, et surtout de les juxtaposer dans des cadres immobiles et préparés d'avance, pour métamorphoser du jour au lendemain la société et soustraire le travail à toute condition pénible, c'est un rêve, et un triste rêve ; car il diminue et rabaisse, en les dégoûtant de compter sur eux-mêmes ceux qui s'y abandonnent. Mais nier la fécondité de l'entente et du groupement des forces, méconnaître la puissance de l'union et révoquer en doute les salutaires effets de la solidarité comprise et acceptée ; dire, en un mot, comme le disaient naguère encore d'excellents esprits, que « toute recherche tendant à découvrir de nouveaux procédés d'association volontaire, capables d'améliorer le sort des classes salariées, est *absolument vaine,* et qu'il faut tourner ailleurs l'opinion » , (1) c'est

____

(1) M. A. Clément dans le dictionnaire d'économie politique

une autre erreur non moins grave et qui aujourd'hui du reste ne serait plus soutenue. L'association ouvrière, comme ce philosophe qui prouvait le mouvement en marchant, a démontré sa vitalité en vivant. La prospérité merveilleuse des *équitables pionniers de Rochdale*, le développement prodigieux des banques d'avances d'Allemagne, ont mis à l'ordre du jour par toute l'Europe le *Crédit populaire* et l'*association coopérative* ; et, si quelque chose était à craindre désormais, ce serait plutôt de l'engouement que de la défiance. Rappelons donc une dernière fois en terminant que ces admirables résultats n'ont été obtenus qu'au prix d'un redoublement d'efforts, d'économie, de prévoyance et de sagesse, et que ce n'est qu'en commençant par s'améliorer eux-mêmes, que les ouvriers associés ont amélioré leur sort. L'association n'a été entre leurs mains une force, que parce qu'elle a été pour eux l'occasion et le moyen d'un déploiement plus grand d'énergie et de vertus; parce qu'elle a, non seulement laissé intactes, mais accru, fortifié et développé leur liberté individuelle et leur responsabilité morale; car la responsabilité morale est le fond même de l'homme, et voilà pourquoi tout ce qui ne part pas d'elle est d'avance voué à la mort. Voilà pourquoi le seul régime qui convienne à l'association, la seule protection qui lui soit due, c'est la liberté. « L'association forcée et réglementée, dit M. Jules Simon, est un abandon de la liberté individuelle; l'association volontaire en est une extension ». Rossi, qui s'est particulièrement occupé de ce sujet, et qui plus que personne a signalé au législateur le danger de ces préventions trop persistantes, avait écrit déjà longtemps auparavant ces paroles remarquables : « L'isolement à son plus haut degré, c'est l'état sauvage; l'association forcée, oppressive, à son plus haut degré, c'est la barbarie. La perfection se trouve dans des associations volontaires, qui multiplient les forces par l'union sans ôter à la puissance individuelle ni son énergie ni sa moralité et sa responsabilité. » Et jugeant avec un sens en quelque sorte prophétique ces jours déjà prochains d'illusions et d'épreuve qu'il ne devait pas voir, il ajoutait ces réflexions par lesquelles on ne s'étonnera pas de voir se terminer cette série d'analyses :

« Les esprits spéculatifs et ardents sont portés à exagérer les vérités qui n'obtiennent pas dans les faits la part qui leur appartient. Les principes les plus salutaires sont promptement dénaturés, lorsque, repoussés du monde réel, soustraits au contrôle de l'expérience, ils ne peuvent se développer qu'à l'état de pure théorie. *La pratique peut seule rappeler les esprits de la région des spéculations téméraires et rêveuses ; elle peut seule les éclairer et les calmer en leur montrant, par l'invincible résistance des faits, les limites du possible* et le vide des plus généreuses illusions. »

Est-il possible de justifier avec plus de mesure, en même temps qu'avec plus d'autorité, cette foi inaltérable dans la liberté, qui est l'âme même de la science économique, et qu'on n'a trop souvent bafouée que faute de la comprendre ; car elle n'est autre chose qu'un appel plein de déférence à l'expérience et une profession de respect sans réserve pour la plus inviolable des puissances, la puissance du droit?

POSTFACE

Un certain nombre dé personnes parmi celles qui m'ont fait l honneur de lire avec quelque attention la longue série des comptes rendus qui précèdent m'expriment le désir de voir reproduire également le discours d'inauguration, dont je n'ai donné au début que l'analyse.

Je cède bien volontiers à ce désir, en regrettant de ne pouvoir plus mettre qu'à la fin ce qui aurait dû être placé au commencement.

Je n'ai pas besoin de dire que je ne fais à ce discours, non plus qu'aux comptes rendus, aucune modification. Les circonstances ont changé à beaucoup d'égards. Et, si j'avais à faire œuvre semblable aujourd'hui, mes paroles, elles aussi, pourraient n'être pas sur tous les points les mêmes. Le fond de mes idées tout au moins n'a pas varié. Et, comme je l'ai dit dans ma préface, il n'est pas sans intérêt, à trente-cinq ans de distance, de faire revivre les choses qu'on ne croit pas tout à fait mortes, telles qu'elles étaient réellement, sans altérations et sans retouches. FRÉDÉRIC PASSY.

MESDAMES, MESSIEURS,

En montant aujourd'hui le premier dans cette chaire, en venant, avant d'autres voix connues et justement aimées, faire entendre ici la voix inconnue d'un étranger, j'ai besoin de rappeler que c'est à ce titre d'*étranger* que je dois le périlleux honneur de prendre, au nom de la science, possession de cette salle, si libéralement consacrée à son culte. J'ai besoin de penser, surtout, que les mêmes sentiments d'hospitalière et prévenante bienveillance, qui ont animé mes nouveaux collègues, animent en ce moment la foule d'élite qui se presse autour de

6.

nous ; et que mes premières paroles, plus imparfaites encore sans doute que celles que je pourrai vous adresser par la suite, trouveront auprès de vous une indulgence au moins égale à mon trouble.

C'est toujours une grande épreuve, en effet, Messieurs quoi qu'en puissent penser parfois ceux qui ne la connaissent pas, que celle d'une première apparition devant un auditoire quel qu'il soit ; et ce n'est pas malheureusement à la seule médiocrité présomptueuse que peut arriver cette mésaventure ridicule dont parle Boileau :

... Et le triste orateur
Demeure enfin muet aux yeux du spectateur.

L'immortel auteur de *Paul et Virginie*, pour n'en citer qu'un, porté par sa réputation, alors dans tout son éclat, à une chaire où il semblait que son éloquence dût faire merveille, ne parvint, dit-on, qu'à balbutier péniblement ces mots : « Je suis père de famille et j'habite à la campagne. » En vain ses... *spectateurs* furent-ils exemplaires ; en vain avec les égards dus à un si beau génie, s'efforcèrent-ils, pendant une heure, par les manifestations les plus sympathiques, de rendre au « triste orateur » le calme et la possession de lui-même... ; ce fut toute sa première et, si je ne me trompe, sa dernière leçon. Et c'est à cette déclaration, d'une moralité [irréprochable, assurément, que se borna le cours de Morale qu'on attendait de lui. Après de tels exemples, il est au moins permis de ne pas faire, « sans y penser », ce « premier pas », qui si souvent décide des autres. Et bien que je pusse, sans manquer en rien à la vérité, reprendre pour mon compte la phrase de Bernardin de Saint-Pierre, vous ne vous trouveriez sans doute, Messieurs, ni moi non plus, satisfaits d'une imitation trop complète de ce grand modèle.

Ce n'est pas la première fois, il est vrai (et peut-être cette circonstance aurait-elle paru à quelques-uns d'entre vous commander à mon égard plus de sévérité et de rigueur), ce n'est pas la première fois, je l'avoue, que j'ai à

prononcer un *discours d'ouverture* (1) ; déjà, sur plus
d'un théâtre important, il m'a été donné de convier, et de
convier efficacement, le public à l'exposition des principes
de la science dont je voudrais vous entretenir à votre tour.
A quoi servirait de m'en défendre, puisque, propagé par
des voix bienveillantes, l'écho lointain de mes leçons
m'avait précédé parmi vous ? Et ne serais-je pas aussi
manifestement maladroit qu'ingrat si je reniais en ce moment, par une humilité mal entendue, des travaux qui
sont à la fois la meilleure partie de ma vie passée et mon
titre le plus réel à votre bon accueil comme au précieux
patronage de la chambre de commerce et des administra-
teurs éclairés, sous les auspices desquels nous sommes
réunis en ce lieu?

Mais, Messieurs, — outre qu'il est des dangers qu'on
connaît d'autant mieux qu'on les a plus souvent affrontés,
— pour l'homme qui prend au sérieux cette tâche de
parler en public, dans laquelle on ne voit si souvent
que des satisfactions puériles et sans valeur ; pour celui
qui, curieux d'autre chose que de ce vain bruisse-
ment des succès personnels qui s'achète souvent à si bas
prix et passe si vite, aspire à déposer dans les esprits et
dans les âmes un peu de cette semence obscure, mais
féconde, d'où naissent avec le temps la conviction et la
lumière ; pour celui qui, respectant sa voix parce qu'il
respecte les oreilles destinées à l'entendre, sait que,
quelque faible qu'elle soit, elle est une puissance pourtant,
de l'emploi de laquelle il répond devant Dieu et devant
les hommes, une arme de vérité ou d'erreur dont tous les
coups, bien ou mal portés, seront mis à son compte par
une Justice exacte autant qu'infaillible ;... pour celui-là,
Messieurs, c'est un moment solennel et j'oserai dire ter-
rible, que celui où il lui faut ouvrir de nouveau, après un

------

(1) Voy. *Leçons d'économie politique* faites à Montpellier, et
Discours d'ouverture des conférences faites à Bordeaux.

long silence, cette source dont les flots, une fois épanchés,
ne peuvent être ni arrêtés, ni repris. Et plus la fortune a
paru pendant longtemps sourire à ses efforts, plus, en se
confiant à elle une fois encore, il tremble qu'elle ne le
trahisse ou qu'elle ne l'aveugle.

Qu'est-ce donc, Messieurs, quand, à des considérations
si graves, à ces motifs généraux et habituels de malaise et
d'inquiétude, viennent se joindre, comme c'est le cas aujourd'hui pour moi, des causes toutes spéciales et plus
vives encore d'émotion? Pardonnez, Messieurs, pardonnez si j'ose vous dire que ma pensée, en ce moment même,
n'est pas tout entière parmi vous. Mais dépend-il de moi
d'effacer et d'anéantir le passé? Puis-je, quand je le voudrais, me soustraire à l'irrésistible influence des plus vifs,
des plus doux et aussi, hélas! des plus douloureux et des
plus amers souvenirs? Puis-je, en entrant dans cette enceinte, empêcher mon regard de chercher involontairement
autour de moi ces regards connus qui, l'an dernier, à pa-
reille époque, venaient de tous côtés avec tant d'empressement à sa rencontre ; et, quelque espoir que je nour-
risse de mériter bientôt votre affection à vous aussi, puis-
je oublier que je n'y ai pas de titres encore? Mais puis-je
oublier surtout que de ces mains amies, qui naguère pres-
saient si cordialement la mienne, les meilleures, les plus
sûres, les plus dévouées comme les plus actives, — celles
dont l'initiative avait si heureusement groupé autour de
moi l'élite d'une grande cité, et dont la persévérance
devait continuer et développer dans ce milieu fécond des
résultats déjà considérables, — ces mains bienfaisantes et
pures sont aujourd'hui fermées à jamais, et ce n'est plus
la distance, c'est la mort qui me sépare des plus chers et
des plus éprouvés de mes auxiliaires et de mes amis de
Bordeaux (1). Ah! je le sais, cette séparation n'est qu'ap

---

(1) M. E. Gout-Desmartres, président, et M. Gaston Vigneaux
vice-président de la *Société philomatique* de Bordeaux, sous les

parente! Les corps disparaissent, mais les âmes subsistent.
Elles subsistent, sinon avec tous leurs sentiments et toutes
leurs pensées, du moins avec les plus élevés et les meilleurs, avec ceux qui d'ici-bas montaient plus haut. En ce
moment même, en ce moment peut-être, affranchies des
entraves de l'espace comme des liens du temps, mais
fidèles encore à leurs convictions et à leurs affections, ces
âmes généreuses sont ici avec nous, applaudissant à votre
empressement et souriant à mes efforts. Je le crois, car
j'ai besoin de le croire pour ne pas perdre tout à fait courage à l'entrée de cette nouvelle carrière. Mais cette con-
solante croyance suffit-elle à combler tous les vides laissés par la disparition de ces hommes de bien? Peut-elle
m'empêcher de songer, avec une sollicitude anxieuse, que
la cause qu'ils m'avaient appelé à servir avec eux au milieu de leurs concitoyens, la cause qu'ils avaient si noble-
ment embrassée et qu'ils se proposaient de soutenir plus
utilement encore, reste privée désormais de leur concours
sur la terre? Je n'ai pas besoin d'en dire davantage; et vous
ne comprenez que trop, j'en suis sûr, vous qui avez su
vous inspirer de leur exemple, qu'en payant à de nobles
mémoires un juste tribut de regret et d'éloge, qu'en consa-
crant devant vous à ces amis invisibles les premiers

---

auspices de laquelle j'ai fait pendant deux hivers ces *Conférences d'économie politique*, auxquelles je ne puis songer sans
attendrissement; l'un et l'autre enlevés subitement, dans la
force de l'âge, à leur famille et à leurs amis. Il m'est impossible de ne pas joindre à ces noms ceux de M. Ferrière, qui,
dans les fonctions modestes choisies par son zèle, rendait à la
Société et à toutes ses œuvres des services quotidiens si justement appréciés, et de M. Castéja, maire de Bordeaux, dont la
perte récente a été un deuil public, et qui, de concert avec ses
honorables collègues, avait toujours honoré si hautement du
patronage de la municipalité les *classes d'adultes* de la Société
philomathique et le *Cours d'économie politique*, dont il comprenait toute l'importance.

efforts d'une voix qui leur fut si chère, je ne puisse contenir qu'imparfaitement dans mon cœur les sentiments qui rendent véritablement pour moi poignante l'inévitable émotion de ce moment.

Mais quelle est donc, allez-vous dire peut-être, cette cause qui a le privilège de susciter de si généreux dévouements et de former de si vifs et de si durables attachements? Quelle est cette cause qui vaut à ses serviteurs d'être loués et pleurés comme des bienfaiteurs publics? Messieurs, c'est la cause commune, la cause de tous les temps et de tous les lieux; c'est la cause, l'éternelle et l'universelle cause du *progrès*, du progrès en tout, du progrès partout, du progrès pour tous. C'est, — pour revenir, parmi vous et ne plus parler que de la solennité qui nous rassemble, — la cause même à laquelle nous rendons en ce moment témoignage, la cause de la culture de l'intelligence et de la diffusion générale des lumières; permettez-moi d'ajouter spécialement (puisque je ne saurais oublier que ma part dans cette œuvre est spéciale et restreinte) la cause de la diffusion des connaissances économiques. Quelques mots sur cet objet général; quelques mots aussi sur cet objet spécial; et j'aurai, je l'espère, en indiquant la nature et le but de l'enseignement qui s'ouvre parmi vous, rempli à peu près ma tâche d'introducteur.

PREMIÈRE PARTIE

I

Messieurs, deux choses me frappent tout d'abord dans l'institution nouvelle que nous inaugurons : la première, c'est qu'elle est un hommage à la science; la seconde, c'est qu'elle est un hommage à l'initiative individuelle et locale. Si nous sommes ici, mes honorables collègues et moi, prêts à vous entretenir, selon nos forces, des objets divers de nos études, c'est que nous avons jugé bon d'y venir; c'est aussi qu'on a jugé bon que nous y vinssions. Et pourquoi? Apparemment parce que et ceux qui nous

ont ouvert cette enceinte et nous-mêmes nous croyons à
l'utilité de la science et nous croyons à l'efficacité du zèle
personnel. Cette double remarque peut paraître, au premier aspect, d'une simplicité banale et presque puérile;
elle n'en contient pas moins, à mon avis, pour qui veut
prendre la peine d'y réfléchir, la solution du plus considérable et du plus controversé peut-être des problèmes
qui agitent les sociétés modernes, de ce grand et double
problème que nous avons tous tant de fois rencontré sous
nos pas : *L'instruction est-elle un bien? Quels sont les
meilleurs moyens de propager l'instruction?*

L'instruction est-elle un bien? Messieurs, si je formulais
sérieusement devant vous cette question comme une question réellement douteuse, vous vous récrieriez probablement, et vous me feriez observer que votre présence et la
mienne témoignent surabondamment de notre conviction.
Assurément. Et pourtant écoutez, ou, pour mieux dire,
écoutons ce qui se dit tous les jours autour de nous ; je
vais plus loin, écontons-nous nous-mêmes, descendons au
fond de nos consciences, et recueillons-y les hésitations,
les impatiences et parfois les murmures qui s'y élèvent
sourdement. Nous serons bien forcés de reconnaître
que cette foi-là, comme d'autres fois, hélas ! a ses défail-
lances et parfois ses révoltes. N'est-il pas vrai que s'il est,
au temps où nous vivons, un besoin plus universel, plus
accusé, plus ardent et je dois dire plus irrésistible que
tous les autres, c'est ce besoin de *s'élever*, — de s'élever
par la richesse, de s'élever par l'intelligence aussi, par le
dehors et par le dedans, — qui travaille indistinctement
toutes les conditions et tous les rangs? Jadis (et il n'y a
pas bien longtemps encore), un petit rombre d'hommes,
désignés par leur naissance ou appelés par un bonheur
exceptionnel ou des facultés plus exceptionnelles encore,
avaient à peu près exclusivement, avec la charge de diriger les sociétés (de penser et d'agir pour elles), le privilège de recueillir le fruit matériel de leurs travaux, de

goûter les arts, de comprendre les sciences et aussi, — ne
l'oublions pas, — de connaître pour leurs personnes,
pour leurs efforts et pour leurs biens, la sécurité et la stabilité du droit. Les nations étaient une élite, élite brillante
parfois, mais élite restreinte toujours, et dont ce qu'on
appelait *le peuple* semblait irrévocablement exclu. Aujourd'hui, et bien que ce mot de *peuple*, dans son vieux
sens étroit et séparatif, n'ait pas perdu toute application
encore, qui pourrait dire où en commence, où en finit
l'application ? Quelle est la classe d'hommes, la profession,
la famille qui, par une barrière ou par une autre, soit fatalement tenue en dehors du régime commun, séparée à
jamais du reste de la société, privée de toute participation
à l'un quelconque des biens accessibles à d'autres mains ?
Tout n'est pas *à tout le monde*, Dieu merci ! mais tout est
sur le chemin comme sous les yeux de tout le monde ; et
tous les efforts peuvent se proposer tous les buts. Ce n'est
plus seulement la richesse, c'est l'art, c'est la science, c'est
le talent, c'est l'influence sous toutes ses formes. qui sont
devenus le patrimoine universel. Et si la société n'est pas,
comme le rêvent quelques-uns, cette plaine uniforme que
rabat sans cesse un aveugle et impitoyable rouleau : si
elle a encore (elle les aura toujours) ses couches inférieures et ses couches supérieures, parfois même bien
distantes les unes des autres ; ces couches, du moins, on
ne saurait le nier, ont cessé d'être immuables et fixement
assises ; elles sont, comme les flots de cette mer dont le
murmure se mêle en ce moment à ma voix, instables et
incessamment agitées, cherchant à toute heure leur équilibre et ne le trouvant jamais :

Et stabile in solâ mobilitate mare est.

II

De là, Messieurs, deux sentiments très différents, opposés
pour mieuxdire, chez la plupart des hommes : un sentiment
de satisfaction et d'orgueil, un sentiment de crainte et de

malaise ; un attachement très réel au présent, et cependant
des retours incontestablement inquiets vers le passé. On
applaudit franchement à l'égalité civile ; on accepte, on ad-
mire, on célèbre ces grandes et décisives conquêtes de
l'humanité, de la justice, de la dignité personnelle, qui
ont commencé à fonder enfin parmi nous ce *règne nouveau* que je nommais tout à l'heure : le règne du droit, du
droit commun, sans lequel nous ne serions, pour la plupart, que ce qu'étaient nos pères, les parias du privilège.
Mais on s'alarme de cette agitation, de cette lutte, de
cette compétition universelle et ardente, au milieu de laquelle il faut vivre toujours comme sur la brèche, défen-
dant pied à pied et reconquérant, pour ainsi dire, à tout
heure sa place et son rang. On s'irrite de cette fièvre
d'avancer qui semble ne plus connaître ni supériorités
constatées ni droits acquis ; on est choqué de ce désordre
et de cette cohue, de cet envahissement tumultueux et
brutal, de ces exigences irréfléchies et grossières de la
multitude ignorante et avide ; et l'on se plaint de voir se
perdre chaque jour, au milieu du vaste océan des flots
populaires, jusqu'aux plus anciennes et aux plus légitimes
influences. « LE RESPECT S'EN VA », répète-t-on avec l'un des
hommes les plus considérables et les plus *respectables*
de notre siècle, — avec l'un de ceux qui représentaient le
mieux à tous les regards l'union si désirable et si rare du
passé et du présent, l'illustre Royer-Collard ; — « le respect
s'en va », et avec lui tout ce qui soutient et élève les hommes
et les peuples. En un mot, Messieurs, on salue, on ac-
clame, on bénit l'avènement de l'*égalité* ; mais on repousse,
on maudit, on redoute tout au moins l'avènement de la
démocratie.

De là à repousser, à redouter au moins l'instruction, il
n'y a qu'un pas, et ce pas est souvent franchi, sciemment
ou non, par les plus instruits et par les plus avides d'instruction pour eux-mêmes, par ceux qui, sans la diffusion
plus complète des lumières et la mobilité plus grande des

conditions sociales, seraient restés le plus loin de ces rangs mêmes où ils trouvent dur, maintenant qu'ils y sont parvenus, d'être obligés de se maintenir par le travail et par l'effort.

Combien de fois, je vous le demande, à la vue de quelque prétention insensée de la foule, de quelque illusion fatale ou de quelque erreur énorme qui venait tout à coup mettre en question nos intérêts ou nos droits ; sous la pression d'un de ces emportements déplorables, d'une de ces exigences furieuses qui, à certains jours, ont pesé violemment dans la balance des lois ; combien de fois, dis-je, ne nous est-il pas arrivé à nous tous, à vous qui m'écoutez et à moi qui vous parle, de nous regimber avec humeur contre cette immixtion qui nous froissait ? Combien de fois, jetant dédaigneusement les regards sur nos concitoyens égarés et rougissant d'eux peut-être, ne nous sommes-nous pas demandé avec pitié de quel droit de pareilles voix prétendaient se faire compter, et s'il ne vaudrait pas mieux pour tout le monde que ces *bras* restassent à l'atelier ou aux champs, laissant aux *têtes* qui pensent le souci et le soin de décider de ce qu'elles peuvent seules entendre ? Combien de fois encore, voyant quel mauvais et détestable usage peut être fait de la science et du talent lui-même, à quels abus, à quelles desseins, à quelles excitations criminelles et perverses peuvent servir trop efficacement la parole et la presse, — combien de fois, encore, Messieurs, ne nous sommes-nous pas surpris à nous demander s'il était bien désirable que la parole et la presse devinssent accessibles à tous, que la science se répandît, que le talent se vulgarisât ;... et n'avons-nous pas été tentés de regretter, avec les apologistes d'un autre âge, ces temps moins agités où, à les en croire, la tradition et la règle suffisaient à tout, et où une docilité inaltérable maintenait la masse humaine, comme un troupeau paisible, sous la main de bergers dévoués et attentifs à ses besoins ?

Eh bien ! il faut le dire, il faut nous le dire, Messieurs (car il ne sert de rien de se faire illusion à soi-même, et « je ne vois pas ce qu'on gagne, disait le sage R. Peel, à mettre ses deux mains sur ses yeux pour ne pas voir »); dans ces moments ce n'était pas, comme nous le croyions, la *démocratie* seulement, c'était l'*instruction*, c'était la science, c'était le progrès, c'était l'égalité civile, c'était le droit et la dignité humaine elle-même que nous nous laissions entraîner à renoncer ; car tout cela se tient, et au fond tout cela n'est qu'un. C'étaient nos intérêts les plus vrais, c'étaient nos droits les plus précieux, c'étaient nos devoirs les plus sacrés que nous méconnaissions ; c'était, je le répète, notre dignité propre que nous abdiquions dans celle de nos semblables. Et, s'il est vrai que nous eussions à rougir peut-être, c'était de nous autant que d'autrui ; si les emportements de la foule étaient un danger et une honte, c'était pour nous, aussi bien que pour elle. Et s'il y avait, de ces emportements et de ces excès, une conséquence importante à tirer, ce n'était pas là condamnation de l'instruction, c'était celle de l'ignorance. Ce n'est pas la trop grande abondance des lumières, c'est leur insuffisance qui a mis, qui pourrait mettre encore les sociétés en péril. Et quand les peuples, pareils au possédé de l'Evangile, « se jettent tantôt dans l'eau et tantôt dans le feu », brisant avec violence tous les liens dont on les enchaîne, et meurtrissant sans pitié ceux même qui ne songent qu'à couvrir leur nudité et à apaiser leur faim, c'est que l'esprit *de ténèbres* les obsède et les agite. C'est là cet esprit qui s'appelle Légion, et c'est de lui, si nous voulons qu'ils aient enfin la paix et qu'ils nous la laissent, qu'il faut les délivrer au plus tôt. « Tout est perdu, » écrivait à Voltaire je ne sais plus lequel de ses innombrables correspondants, « tout est perdu, le peuple apprend à lire. » — « Non, Monsieur, riposta le vieillard avec cette vivacité que l'âge ne faisait qu'accroître, tout n'est pas perdu, quand on met le peuple en état de s'apercevoir qu'il a un esprit. Tout est

perdu, au contraire, quand on le traite comme une troupe
de taureaux, car tôt ou tard ils vous frappent de leurs cornes. »

Messieurs, je ne m'engage pas, bien s'en faut, à soutenir devant vous toutes les opinions et toutes les assertions de Voltaire ; mais pour celle-là, j'y souscris des deux
mains, et, si je pouvais, sans excéder trop sensiblement les
bornes qui me sont prescrites, examiner même bien rapidement avec vous l'histoire des cent dernières années, il
ne me serait pas malaisé, croyez-le bien, de vous démontrer que cette assertion n'a que trop été justifiée par les
faits ; que la sécurité sociale (j'entends dire la sécurité véritable et complète, la sécurité commune de tous les jours,
de tous les droits et de tous les actes de la vie), malgré ses
lacunes trop réelles encore et ses exceptions trop éclatantes, est loin d'avoir diminué depuis le temps de la
guerre des farines, de la bulle *Unigenitus* et des *lettres de
cachet* ; et que sous ce rapport, comme sous bien d'autres,
on peut répéter sans crainte ces paroles décisives du célèbre historien anglais lord Macaulay : « *Plus on examine
avec attention l'histoire du passé, plus on voit combien se
trompent ceux qui s'imaginent que notre époque a enfanté
de nouvelles misères sociales.* La vérité est que ces misères
sont anciennes ; ce qui est nouveau, c'est l'intelligence qui
les découvre et l'humanité qui les soulage. » Mais le temps
nous presse, et, quelque importante que soit cette réflexion,
je poursuis sans m'y arrêter.

III

Messieurs, une pensée se présente à mon esprit tout
d'abord ; et il me semble que c'est une de ces remarques
décisives qui à elles seules suffisent. Ce mouvement, qu'on
appelle *le mouvement démocratique*, et dont le nom seul
est pour beaucoup un épouvantail, ce mouvement, de

l'aveu de tous, est désormais de ceux contre lesquels il
n'y a pas de puissance qui puisse prévaloir. Bien des
esprits, de nature bien diverse, et placés à des points de
vue dissemblables, l'ont étudié tour à tour ; beaucoup, —
avec grande raison, je le crois, — ont signalé en lui des
inconvénients et des dangers de plus d'une sorte ; nul,
que je sache, nul, parmi les esprits qui comptent, n'a
imaginé un instant qu'il fût possible de le refouler ou de
l'arrêter dans sa marche. S'il est, parmi les penseurs
marquants de notre âge, un homme qui ait plus que tous
les autres appliqué son attention à ce grand mouvement,
qui ait fixé sur lui un œil soucieux et inquiet jusqu'à la
fascination, qui ait, on l'a dit avec raison, « étudié loya-
lement, chrétiennement, et *avec une sorte de terreur
religieuse*, cette révolution formidable, demandant à la
démocratie de l'avenir de respecter la liberté individuelle
et de ne pas étouffer le roseau pensant » (1) ; cet homme,
vous l'avez tous nommé, n'est-ce pas le sincère et regrettable M. de Tocqueville ? Qui, plus et mieux que lui, a
signalé les écarts et les tendances de la démocratie contemporaine ; qui, dans son intelligence à la fois ardente et
contenue, comme dans ses manières à la fois libérales et
nobles, a su mieux allier les aspirations les plus hautes
de la société moderne avec la distinction la plus vraie de
la société ancienne ; et qui, tout en regardant sans cesse
vers l'avenir, a su comme lui rester à ce point équitable
pour le passé qu'on a pu s'étonner parfois (je l'ai fait
pour ma part) (2), de cette impartialité qui semblait toucher à l'indécision ? Eh bien ! Messieurs, cet homme à la
fois si pénétrant et si impartial, ce digne et fidèle descen-

---

(1) M. Saint-René Taillandier, *Sismondi et sa correspondance*,
p. 20 ; introduction aux *Lettres inédites de Sismondi à
Mme d'Albany*, etc.

(2) Voy. *Mélanges économiques*, par M. Frédéric Passy,
p. 298.

dant d'une race antique qui ne songeait pas, à coup sûr,
à capter la faveur populaire en reniant ses aïeux, que disait-
il ? Ecoutez. Ce sont des paroles que tout le monde connaît, mais ce sont des paroles qu'il est bon pour tout le
monde de lire et d'entendre de nouveau :

« Le développement graduel de l'égalité des conditions est
un fait providentiel. Il en a les principaux caractères. Il
est universel ; il est durable ; il échappe chaque jour à la
puissance humaine ; tous les événements comme tous les
hommes ont servi à son développement. Serait-il sage de
croire qu'un mouvement qui vient de si loin puisse être
suspendu par une génération ? Pense-t-on qu'après avoir
détruit la féodalité et vaincu les rois, la démocratie recu-
lera devant les bourgeois et les riches ? S'arrêtera-t-elle
maintenant qu'elle est devenue si forte et ses adversaires
si faibles (1) ? »

Ainsi parlait, en 1835, le publiciste inconnu. Et quinze
ans plus tard, en 1848 et 1850, instruit par les événements
et mûri par l'âge, bien loin de rétracter ou de modifier
en rien ces fortes paroles de sa précoce jeunesse, l'homme
politique les confirmait et les fortifiait encore en les reproduisant en tête de la *douzième* et de la *treizième* édition
de son livre. Et il y ajoutait, non pour s'en défendre, mais
pour s'en faire honneur, cette déclaration nouvelle et plus
vive peut-être :

Ce livre a été écrit sous la préoccupation constante
d'une seule pensée : l'avénement prochain, irrésistible,
universel, de la démocratie dans le monde.

IV

L'avenir est à la démocratie, à l'égalité, à l'égalité
chaque jour plus réelle et plus générale. Sur ce point,
pas de contestation possible, pas d'hésitation, pas de

---

(1) *De la Démocratie en Amérique*, introduction.

doute. Mais alors, sur quoi donc peut porter le doute, et quelle est pour nous la question ? La question, Messieurs, le même écrivain nous l'indique aussitôt avec la même netteté et la même force ; la question, c'est de savoir ce que seront cette égalité et cette démocratie dont le progrès nous enveloppe et nous déborde. C'est de savoir si nous marcherons vers l'égalité qui abaisse ou vers l'égalité qui élève ; vers la démocratie qui foule aux pieds la liberté individuelle ou vers le démocratie qui l'affranchit et la dégage ; si nous aurons, en un mot (ce sont les propres expressions de M. de Tocqueville), LA LIBERTÉ DÉMOCRATIQUE OU LA TYRANNIE DÉMOCRATIQUE. La question, un de mes plus savants collègues, M. Baudrillard, la posait naguère encore dans toute sa netteté dans de remarquables articles sur l'*Exposition de 1862 et les rapports des jurys français* (1) ; la question, c'est de savoir si « la démocratie sera une démocratie libérale, éclairée, riche, répandant l'aisance dans les couches inférieures de la société, ou, au contraire, une démocratie comme il y en a eu plus d'une en ce monde, oppressive, ignorante et nécessiteuse. » Telle est, Messieurs, l'alternative. Elle vaut bien, ce me semble, la peine qu'on s'en préoccupe ; car ce n'est rien moins que l'alternative de la maladie ou de la santé, de la décadence ou du progrès, la question d'Hamlet de notre siècle, le *To be or not to be* de la civilisation moderne.

Mais qui fait la société, sinon les hommes ? Comment obtenir une démocratie laborieuse, paisible, éclairée, libérale, respectueuse de la justice et de l'honneur, sinon en formant des hommes industrieux, intelligents, équitables et sages ? Et comment, au contraire, avec des hommes livrés aveuglément à toutes les passions et à tous les instincts de l'animalité la plus basse, dupes de tous les mensonges des premières apparences et accessibles à toutes les suggestions de l'erreur et de l'utopie ; comment, avec

____

(1) Dans le *Journal des Débats*.

de tels hommes, espérer de connaître jamais la paix, la
sécurité, la richesse, la liberté, l'ordre et la justice ? J'ai
tort peut-être de me laisser entraîner à empiéter ici sur
ce qui eût dû faire une autre partie de ce discours, sur ce
qui, d'ailleurs, fera le fond même de l'ensemble de mes
leçons ; mais comment échapper à des rapprochements
qui se présentent d'eux-mêmes à toutes les pensées ?

Je vous le demande donc, et je vous le demande sans
aucune incertitude sur votre réponse, si, il y a quelques
années encore, nous avons pu voir, pendant de longues
semaines et de longs mois, l'agitation et le désordre partout triomphants ; si, à la moindre perturbation dans le
travail, à la moindre oscillation dans le salaire, à la moindre hausse dans le prix des denrées ; — que dis-je ? à la
moindre incertitude et au moindre faux bruit, — les ateliers naguère les plus paisibles étaient tout à coup en feu,
la place publique tumultueusement envahie, les approvi-
sionnements dissipés et les machines brisées; les usines,
les fermes, les moulins saccagés et brûlés, les industriels,
les marchands de grains et les boulangers traqués comme
des bêtes fauves, et parfois massacrés ou jetés à l'eau ;.....
pourquoi tout ce trouble et toutes ces violences, sinon
parce que le préjugé et l'erreur régnaient pour ainsi dire
sans partage ? Pourquoi, ailleurs, dans le même moment,
des crises analogues passaient-elles, je ne dirai pas sans
souffrances et sans plaintes, mais au moins sans boulever-
sements et sans fureurs ? Pourquoi parmi nous-mêmes,
depuis, des crises bien autrement sérieuses et redoutables, — un déficit de récolte énorme et presque sans précédent, la fermeture subite d'un de nos plus grands marchés commerciaux, la suppression presque totale d'un des
principaux aliments de nos manufactures, — ont-elles été
supportées sans un acte de violence de quelque gravité,
sans un attentat contre les personnes, sans un appel
exceptionnel à la loi pénale et à ses rigueurs ? Certaines
personnes ne manqueront pas d'en faire honneur au

respect plus profond, à la plus vive et salutaire terreur qu'inspire une force publique plus énergique et plus prompte à agir. Messieurs, je ne nie pas l'influence d'une bonne police, et je respecte la force publique ; mais ce n'est là, croyez-le bien, que le petit et très petit côté des choses. « *La hallebarde mène le monde*, c'est possible », disait le fondateur en France de l'Ecole économique, le doux et spirituel docteur Quesnay ; « MAIS IL Y A QUELQUE CHOSE QUI MÈNE LA HALLEBARDE ; C'EST L'OPINION. » — « *Ce qui me frappe le plus en ce monde* », disait à son tour la plus puissante et la plus populaire personnification de la force dans les âges modernes, Napoléon Ier, « C'EST L'IMPUISSANCE DE LA FORCE » (1). Soyez-en bien convaincus, Messieurs, il n'y a pas de police qui triomphe d'un égarement général ; il n'y a pas de bâtons ni de chiens qui arrêtent la course furibonde d'une troupe de taureaux emportés par une terreur panique. Et quand un peuple, séduit par l'ignorance en même temps qu'aigri par la douleur, en est malheureusement à croire que sa souffrance est artificielle et voulue ; quand, manquant de travail ou de pain, il s'imagine que c'est par les décrets et selon le bon plaisir des puissants ou des riches que le travail et le pain sont distribués ou retenus, il est inévitable que ce peuple, comme une bête acharnée à sa proie, se rue sur les puissants et sur les riches, sauf à apprendre bientôt à ses dépens, pour l'oublier le lendemain, que le ravage et le meurtre retombent fatalement sur ceux qui les emploient. N'en avons-nous pas eu, cette année même, au milieu du calme partout si heureusement maintenu, et là précisé-

---

(1) Est-il besoin de rappeler aussi ces paroles du discours de clôture de l'Exposition universelle de 1855 : « A l'époque de civilisation où nous sommes, les succès des armées, quelque brillants qu'ils soient, ne sont que passagers ; C'EST, en définitive, L'OPINION PUBLIQUE QUI REMPORTE TOUJOURS LA DERNIÈRE VICTOIRE. »

7

ment où l'on pouvait le moins l'attendre, un douloureux
et instructif exemple ? N'avons-nous pas vu, parmi la
population la plus douce et la plus inoffensive de la France
peut-être, à Bordeaux, — en présence d'un chef militaire
d'une remarquable vigueur (1) et d'un administateur
civil (2), dont l'activité et l'énergie ont suffi longtemps à
la préfecture de police de Paris, — la simple pose de quelques bandes de fer entre le quai et la gare susciter parmi
les ouvriers du port une émotion assez soudaine pour
déjouer toutes les précautions, assez violente pour sur-
monter les premières résistances de la force armée, et
assez acharnée pour laisser après elle, de part et d'autre,
avec bien des ressentiments amers, des larmes et du sang?
De quoi s'agissait-il? D'un fait de bien peu d'importance
en lui-même, assurément. Mais sous ce fait était engagée
une question économique de premier ordre : la question
des machines, avec son redoutable cortège d'erreurs et
d'illusions. C'était l'*ignorance* qui, une fois de plus, soule-
vait les hommes contre le *progrès*. Et tel était encore, il
faut bien le croire, dans une ville où tant de lumières
abondent, ce déplorable et irrésistible empire de l'ignorance, que, — l'émeute apaisée et le sang essuyé, — on
n'osait essayer de lui faire entendre complètement raison;
et que le véritable grief, le véritable péril (les hommes
les plus compétents, dans les journaux les plus sérieux,
l'ont aussitôt remarqué comme une preuve de la nécessité
urgente d'instruire) (3), le véritable grief et le véritable

---

(1) M. le général Daumas.
(2) M. le sénateur Piétri.
(3) Voy. dans le *Journal des Débats* l'article de M. Baudrillart.
« C'est peut-être, y est-il dit, le lieu de faire remarquer que,
si en France, comme en Angleterre, *l'enseignement populaire
comprenait quelques notions d'économie politique*, DE PAREILLES
SCÈNES DE DÉSORDRE N'ÉCLATERAIENT PAS. » Le *Courrier du di-
manche* s'associait pleinement à ces réflexions. En m'y associant à mon tour de toutes mes forces, je ne puis m'empêcher

péril, Messieurs, étaient, dans la proclamation *officielle* partout reproduite, plutôt esquivés qu'abordés (1).

N'en doutons donc pas, Messieurs, et ne craignons pas de nous en réjouir hautement : si naguère, dans des pays voisins, les malheurs qui ont si douloureusement troublé le nôtre ont pu être évités ; si, dans le nôtre, depuis, la paix publique a été plus aisément et plus heureusement conservée, c'est que l'ignorance était amoindrie ; c'est que

---

de signaler hautement à tous, et spécialement à mes amis et auditeurs de Bordeaux, comme un appel formel et direct à leur zèle, l'excellent exemple donné tout récemment par la ville de Montpellier, et que je regarde comme le meilleur fruit de mon enseignement dans cette ville. Je veux parler du COURS ÉLÉ-MENTAIRE D'ÉCONOMIE POLITIQUE professé en 1863, *à la classe supérieure des écoles municipales de Montpellier*, avec les résultats les plus satisfaisants, par mon ami M. Paul Glaize. La *Leçon d'ouverture* et le *programme* de ce cours (16 pages) chez Guillaumin et Cie, à Paris, et chez Gras, à Montpellier, sont des modèles excellents et qu'il n'y aurait qu'à suivre. Peut-être paraîtrait-il prématuré de les signaler dès maintenant à *toutes* les villes chefs-lieux de département, bien que les obstacles soient fort loin d'être ce qu'on suppose, et qu'en cette question comme en bien d'autres la principale condition du succès soit *le vouloir* : mais à Bordeaux au moins on serait mal venu à arguer de difficultés d'aucun genre ; et c'est pour la Société philomatique, je n'hésite pas à le lui redire au nom de mon dévouement même, un véritable DEVOIR de joindre à ses nombreuses et excellentes *classes d'adultes*, qui font déjà tant de bien, un cours de *législation usuelle* et d'*économie politique élémentaire*. Elle ne sera pas embarrassée, quand elle le voudra, et sans chercher loin, pour trouver à qui confier la tâche de le faire.

(1) C'est le sens bien clair d'une partie des réflexions contenues dans l'article précité du *Journal des débats*. Le regret que la proclamation ait plutôt été de nature à fortifier qu'à diminuer les préjugés les plus habituels et les plus dangereux au sujet des machines et de la concurrence s'y trouve formellement exprimé, et non sans motifs.

les préjugés les plus funestes au moins avaient perdu de leur empire ; c'est que le sentiment du droit et le sentiment de la réalité en même temps avaient gagné du terrain ; c'est que les moins éclairés commençaient à entrevoir moins confusément le nécessaire rapport des effets aux causes, et à ne plus croire, par exemple, en présence d'un déficit patent d'une vingtaine de millions d'hectolitres de grains (1), à une disette artificielle provoquée à plaisir par une vaste association de vampires occupés, d'un bout à l'autre du pays, en vertu de quelque odieux *pacte de famine*, à dévorer en secret la substance du peuple. Franchement, tout cela est si clair, ces vérités portent si manifestement leurs preuves avec elles, qu'il y aurait de l'affectation à multiplier à leur appui les autorités et les témoignages. Je laisse donc de côté la plupart des justifications nombreuses que j'ai sous la main ; et, si je rappelle rapidement quelques déclarations particulièrement significatives et éclatantes, c'est que par la vivacité de leur tour, par l'importance des circonstances dans lesquelles elles ont été prononcées, ou par celle des personnages dont elles émanent, elles ont acquis pour ainsi dire une notoriété historique qui les impose véritablement à nos souvenirs.

Il y a eu, Messieurs, voici quinze ans, un moment, où l'Europe entière, ébranlée par le contre-coup de l'explosion de la France, semblait près de s'abîmer partout sur elle-même. Quelqu'un alors, dit-on, parlant au grand homme d'Etat que je nommais tout à l'heure, à celui-là même qui, en ramenant sa patrie des voies funestes et

---

(1) *Un déficit d'une vingtaine de millions d'hectolitres.* Les estimations les plus compétentes, celles de M. Barral entre autres, avaient, *dès le début*, accusé un déficit de 20 millions ; mais avec cette observation que l'épargne provoquée sur la consommation par les hauts prix pourrait réduire *d'un quart environ* la quantité à demander aux marchés étrangers. Les faits ont pleinement justifié ces prévisions.

coupables de l'erreur dans les voies plus pures indiquées
par la science, l'avait comme miraculeusement rappelée
des bords mêmes de l'abîme, à l'illustre et sage R. Peel,
lui demandait si l'Angleterre ne payerait pas bientôt, elle
aussi, par quelque éclatante catastrophe, son tribut à la
misère et à la folie humaine : « *Il n'y a pas de dangers* »,
répondit l'habile et glorieux chef de l'aristocratie anglaise,
« ELLE SAIT TROP BIEN L'ÉCONOMIE POLITIQUE. » On attribue le
même mot, — avec non moins de raison, je le crois, —
au dernier et regrettable archevêque de Dublin, au célèbre Whateley (1), à cet infatigable promoteur de la science,
qui, joignant si persévéramment l'exemple au précepte,
s'honorait d'avoir introduit l'enseignement de l'économie
politique *dans plus de* QUATRE MILLE *écoles.* Un homme,
que je suis loin, pour ma part, — bien loin, je dois le
dire, — de comparer aux précédents, mais à qui l'on ne
saurait refuser cependant de brillantes et même de sur-
prenantes facultés, le chef du cabinet anglais en ce moment même, lord Palmerston, disait pareillement un jour,
avec cette ironie souvent hautaine qui lui est familière :
« N'ayez pas de dépôts de matières inflammables sur les
chemins, et vous ne craindrez pas d'y voir jeter des allu-
mettes ». N'est-ce pas précisément ce que disait plus sérieusement, à son tour, à la France, il n'y a que peu de semaines, en annonçant la mesure nouvelle (et à mon avis
excellente), qui entr'ouvre enfin à l'économie politique la porte de l'éducation, le ministre actuel de l'instruction publique : *L'Angleterre a pu traverser paisi-
blement une crise épouvantable,* PARCE QUE SES OUVRIERS
CONNAISSAIENT TOUT CE QUE NOS JEUNES GENS IGNORENT
ENCORE, *les ressorts délicats de la production et de la vie
économique.* NOS MISÈRES DE 1848 SONT VENUES DE CETTE
IGNORANCE (2). Et n'est-ce pas, pour en finir, ce qu'avait

---

(1) Mort en 1863.
(2) Circulaire du 24 septembre 1863.

épété, voici des années déjà, avec une énergie qui avait quelque peu surpris alors, une bouche plus puissante que les bouches ministérielles, lorsque, après avoir parlé des catastrophes et des fléaux matériels qui portent trop souvent atteinte à la prospérité des sociétés, elle ajoutait ces paroles longtemps trop peu comprises : « *Une autre cause de malaise non moins grave réside dans les esprits. Lorsqu'une crise survient, il n'est sorte de faux bruits ou de fausses doctrines que l'ignorance et la malveillance ne propagent.....* LE DEVOIR DES BONS CITOYENS EST DE RÉPANDRE PARTOUT LES SAGES DOCTRINES DE L'ÉCONOMIE POLITIQUE » (1).

Propageons-les, Messieurs, ces sages doctrines; ou plutôt propageons toutes les connaissances, toutes les idées, toutes les habitudes, tous les goûts propres à éclairer, à fortifier, à pacifier ou à charmer les hommes. Encourageons, sans exclusion jalouse, toutes les branches de la culture humaine (scientifique, artistique ou littéraire), afin que le niveau général s'élève par tous les côtés autour de nous; afin que la civilisation ne reste pas un vain mot pour la plupart; et n'épargnons rien pour que l'humanité cesse enfin, pour qu'elle cesse sans retour, d'être cette « *troupe de taureaux* » dont parle Voltaire. Faisons cela, Messieurs, par intérêt d'abord, par le plus immédiat et le plus pressant de tous les intérêts, afin de n'être plus exposés aux coups de corne; faisons-le parce que l'ombre est une menace et la lumière est une sécurité. Mais faisons-le surtout par devoir, par respect pour nous-mêmes et par pitié pour nos semblables; faisons-le parce que l'ombre

---

(1) *Discours d'ouverture de la session législative de* 1857. — Voy. aussi les articles du *Moniteur* des 6 et 12 septembre et du 17 novembre 1853, dans lesquels les principes et les paroles de Turgot sur *la liberté du commerce des grains* sont formellement revendiqués comme la seule ligne de conduite avouée par la science, et l'*ignorance de l'économie politique* déplorée comme le principal danger.

est une honte et la lumière une splendeur (1) ; faisons-le
parce que c'est là véritablement la principale et la plus
grande des œuvres qu'il nous soit donné d'accomplir
ici-bas, et que s'il est pour l'humanité un but qui prime,
et de bien loin, tous les autres (2), c'est à coup sûr le développement dans les esprits et dans les cœurs de ces sentiments de justice et d'amour qui, en rapprochant les
hommes les uns des autres, les rapprochent véritablement
de leur divin Modèle, et peuvent ainsi réaliser graduellement cette conquête suprême et cette fin dernière de la
liberté humaine ici-bas, l'établissement du *règne de Dieu*
sur la terre par la paix entre les hommes de bonne
volonté.

---

(1) Ces paroles appellent comme forcément la citation d'un
passage du discours de M. Rouher à la dernière ouverture du
conseil général du Puy-de-Dôme : « ..... J'ai entendu quelquefois de bons esprits s'inquiéter du développement de l'instruction primaire.... Je ne nie pas que l'instruction n'éveille chez le
peuple des sentiments impétueux et des élans irréfléchis, qui
amènent des transitions difficiles et des secousses momentanées :
mais les intérêts et les droits se contiennent bientôt mutuellement, les règles du devoir ne tardent pas à se dégager et à
devenir lumineuses pour chacun, surtout si l'instruction primaire vient se maintenir dans l'atmosphère d'une éducation
religieuse simple et vraie. *Les ombres de l'intelligence sont au
contraire un* REPROCHE LÉGITIME *et un* PÉRIL PERMANENT *pour
une société civilisée.* »

(2) On se souvient de cette déclaration brève et expressive :
« La véritable civilisation est de compter le bien-être pour
quelque chose ; la vie de l'homme pour beaucoup ; et le progrès
moral pour le plus grand bien. » (*Discours de l'Empereur*, à
Alger.)

V

Règne de Dieu ! grandeur de l'humanité ! fraternité universelle ! Paroles étranges, je le sais, et qui ne sonnent pas bien à toutes les oreilles. Il y a des hommes, des sages et des habiles, assure-t-on, qui traitent de déclamations et de chimères tous ces beaux rêves contés en l'honneur du progrès et de l'amélioration commune. Il y en a qui tournent, par système et par calcul, le dos à l'égalité et à la justice, et qui, en présence de leurs semblables abrutis par l'ignorance et dégradés par la misère, éprouvent je ne sais quel sentiment de honteuse satisfaction et d'ignoble orgueil. Ils se plaisent à mesurer la distance qui les sépare de ce qui les entoure, et ils se croient grands en voyant que d'autres sont petits. Ce n'est pas de cet œil, heureusement, que ni vous ni moi nous regardons ces choses, et nous savons qu'on ne gagne rien à asseoir dans un sol mouvant et bas l'édifice dont on veut élever le faîte. L'abaissement de mes semblables ! mais c'est pour moi-même un inévitable abaissement, car il m'enveloppe et me pénètre de toutes parts sans que je puisse m'en défendre. En vain je me réfugie dans ma vanité superbe, la misère qui m'entoure m'appauvrit, l'ignorance qui me touche me rapetisse, la grossièreté qui me coudoie me souille. Je ne sais quelle infection morale, du fond de cette fange de l'intelligence et du cœur, monte vers moi comme la contagion matérielle de la fièvre et de la peste. Dans cet obscurcissement en autrui de la lumière intérieure qui fait l'homme, je sens comme un obscurcissement irrésistible et légitime de la lumière qui brille trop faiblement en moi-même. Et je comprends alors, je comprends jusqu'à la terreur et à l'angoisse, ce cri trop peu connu, ce cri magnifique de l'un des plus grands docteurs de l'Eglise d'Orient, de cet évêque qu'on avait à bon droit surnommé *Bouche d'or* et qu'on eût mieux fait encore peut-être de surnommer *Cœur d'or* (car c'était de l'abondance du cœur que coulait chez lui la source puissante des lèvres), de saint Jean-Chrysostôme : *Ce n'est pas de nous seulement et de notre salut personnel, c'est du monde entier qu'il nous sera demandé compte un jour*. Non de vestra salute tantum, sed de universo orbe vobis ratio reddenda est ».

Je comprends la solidarité profonde du genre humain, si bien exprimée par les célèbres et admirables paroles du grand Channing : « La science la plus élevée est encore dans l'enfance. Nulle part les grands esprits n'ont encore entrepris sérieusement et solennellement de résoudre ce problème : *Comment peut-on relever la majorité des hommes ?* Mais il est temps qu'ils s'en occupent enfin. Il est temps qu'un nouveau sentiment de responsabilité anime les hommes éclairés, les hommes vertueux, les hommes heureux. Le progrès du christianisme l'exige, et la marche nécessaire des sociétés le rend indispensable. » Oui, je comprends ces paroles, et volontiers j'y joindrais ces autres paroles qui, pour émaner d'une école qui n'est pas la mienne, n'en ont peut-être à mes yeux que plus d'autorité et de valeur :

Le mépris de la démocratie, c'est au fond le mépris de l'humanité. C'est un juste dédain, je l'avoue, que celui qu'inspirent à une raison droite et à une âme élevée les excès de sottise ou de bassesse dont les hommes peuvent se montrer capables : déplorable suite des misères trop souvent attachées à la condition humaine, et la pire sans doute de ces misères. Mais ce sentiment n'est pur qu'autant qu'il demeure exempt de deux vices : le désespoir et l'orgueil. Il faut conserver le respect des bons instincts de la nature humaine avec le dégoût des mauvais, et ne pas oublier que ce qui s'est fait, après tout, de bon ou de beau dans le monde s'est fait par les hommes, ainsi que le mal ; que le bien même est, plus que le mal, leur ouvrage, puisqu'ils n'ont pu le faire qu'en s'efforçant et en luttant ;

tandis que, pour le mal, ils n'ont eu qu'à se laisser aller
aux forces de toute espèce qui les entraînent; qu'enfin cette
somme de bien, si pitoyablement petite qu'elle soit, s'aug-
mente pourtant avec les siècles, pendant que celle du mal
diminue. Mais surtout que le philosophe se garde de prétendre assigner la sagesse aux uns et la déraison aux
autres, imputer le mal au grand nombre, dont il se sépare, et faire honneur du bien à une élite où il se marque
sa place. Qu'il ne dise pas comme les stoïciens : « Voilà
les fous, et je suis le sage ». Qu'il ne compare pas, comme
Platon, la multitude qui l'entoure à une troupe de bêtes
féroces au milieu de laquelle un homme est tombé ; comparaison aveugle autant que superbe, puisqu'elle méconnaît tout ensemble et la bête, que le plus sage entend gron-
der au dedans de lui quand il prête l'oreille, et le cri de
l'âme humaine, qui s'élève parfois si noble et si pur du fond
de la foule. La science même, la plus légitime des aristocraties, n'emporte pourtant pas avec elle la sagesse, et
encore moins la vertu. Le plus grossier peut monter bien
haut, le plus raffiné peut tomber bien bas. Cet homme,
que vous dédaignez, il vous vaut déjà par certains côtés,
il vaut mieux peut-être, et si, par d'autres, il vous est inférieur encore aujourd'hui, il doit vous atteindre demain ;
car ce doit être précisément le bienfait de votre philosophie
de l'élever où vous êtes arrivé déjà. *Qui méprise la multitude méprise la raison elle-même, puisqu'il la croit impuissante à se communiquer et à se faire entendre* ; mais
au contraire, IL N'Y A DE VRAIE PHILOSOPHIE QUE CELLE QUI SE
SAIT FAITE POUR TOUS, ET QUI PROFESSE QUE TOUS SONT FAITS POUR
LA VÉRITÉ, MÊME LA PLUS HAUTE, ET DOIVENT EN AVOIR LEUR
PART, COMME DU SOLEIL (1).

Mais je sens, Messieurs, que je ne puis prolonger ces citations, quelque belles qu'elles soient ; et je me borne à
rapprocher seulement de la dernière ces simples mots d'un

---

(1) Cette page est de M. E. Havet.

grand penseur et d'un grand homme de bien, l'une des plus pures gloires de la Suisse : « Le sol le plus fécond n'est pas celui qui produit davantage. Les hommes les plus favorisés du coté de l'intelligence ou de la fortune ne sont pas ceux qui font le plus de bien. *Soit que vous regardiez à la quantité ou à la qualité des œuvres, il faut mettre sur le compte des pauvres et des petits en tout genre la plus grande partie du bien qui se fait sur la terre* (1).

Vinet dit vrai, Messieurs, c'est le grand nombre qui fait le plus de bien ; c'est lui aussi qui fait le plus de mal ; ne fût-ce que par cette raison toute brutale qu'il est *le grand nombre.* C'est donc le grand nombre, et non le petit, qu'il importe d'envisager en toutes choses ; c'est lui qu'il faut, pour assurer le progrès, nourrir plus largement du pain de l'âme en même temps que du pain du corps ; c'est lui qu'il faut éclairer, élever, moraliser; c'est sur lui, à la diffé-rence de la païenne et barbare antiquité, qu'il faut fonder le grand et durable édifice de la civilisation chrétienne, de la civilisation *humaine* ; et c'est par la participation du grand nombre aux richesses, aux lumières, à la vie, en un mot, à la vie matérielle et morale, que se mesureront dans l'histoire la prospérité et la grandeur réelles d'une épo-que. Puisse la notre, à cette mesure, ne pas paraître un jour trop diminuée !

VI

Que si, après cela, et en dépit de considérations si pres-santes et si hautes, il y a encore des gens auxquels les mots font peur, et que celui de *démocratie* tient en défiance ; s'il y a, pour emprunter les énergiques paroles du dernier ministre de l'Instruction publique, *des gens assez timides et assez étrangers aux nécessités du temps* pour redouter

---

(1) *Esprit d'Alexandre Vinet*, par Astié, t. 1, p. 212.

l'instruction libéralement répandue (1) dans tous les rangs
de la société, « qu'ils regardent donc autour d'eux », leur
dirai-je avec la même autorité ; et qu'ils se demandent s'il
est pour « l'agriculture, pour l'industrie et pour le commerce », c'est-à-dire pour notre richesse et notre bien-
être à tous, un besoin plus urgent que d'appeler « l'intelligence au secours des bras, et d'agrandir par le savoir la
sphère et la puissance du travail manuel ! » Qu'ils se demandent s'il est un « plus véritablement magnifique spec-
tacle que celui d'une assemblée nombreuse d'élèves et de
professeurs, de patrons et d'ouvriers, unis par l'amour du
bien, glorifiant en commun l'étude et le travail » ; et si ce
n'est pas réellement et seulement ainsi qu'en effaçant, au
nom de la justice et du bon sens, toutes les causes du vieil
antagonisme social, on accroîtra « le plus efficacement les
garanties de la paix et de la prospérité publique ! » Qu'ils
veuillent bien remarquer, c'est encore la même voix qui
parle, « qu'en conviant les classes (2) laborieuses à une
instruction de beaucoup supérieure à celle du passé, on
les appelle, grâce à Dieu, à participer plus directement aux
impressions, aux affaires et à la vie de la société », et
qu'ainsi « on marche droit à l'*égalité morale* par la diffusion des lumières, comme on est allé droit à l'égalité civile
par le suffrage universel et par le Code Napoléon ! » Mais
qu'ils veuillent bien le remarquer surtout (car c'est une
considération qui doit aller à toutes les âmes, et plus spécialement aux plus hautes), « dans cette tâche si difficile »,

---

(1) Voy. *Discours de M. Rouland*, ministre de l'instruction publique, à la distribution des prix des Associations polytechni-
que et philotechnique, le 8 février 1863.

(2) Je reproduis ce mot tel qu'il se trouve dans le discours du
ministre ; mais je ne puis m'empêcher de dire que je ne l'em-
ploierais pas. Il n'y a plus de *classes* aujourd'hui, il n'y a que
des *hommes* dans des situations différentes et variables ; et il
n'est jamais sans péril de conserver des expressions inexactes
et injustes.

et parfois si résolument accomplie, ce qui soutient, ce qui
anime », ce qui par moments, enflamme et transporte, ce
ne sont pas des motifs secondaires et de bas étage, ce n'est
pas le faux zéle de l'intérêt alarmé ou le désir équivoque
d'une popularité éphémère ; mais c'est avant tout et par
dessus tout une vertu, la vertu suprême, la vertu créa-
trice et vivifiante, *la vertu mère du monde nouveau*, LA
CHARITÉ. J'entends une charité plus large, plus universelle,
plus compréhensive et plus haute qu'on ne la définit ordinairement : « *une charité grandie avec les besoins du
temps, et qui ne se constitue pas seulement de la généro-
sité du cœur*, MAIS AUSSI DES CONVICTIONS INTELLIGENTES DE
L'ESPRIT APPLIQUÉ A L'OBSERVATION DES CHOSES SOCIALES, ET
VOÙLANT PARTOUT L'ORDRE AVEC LA JUSTICE » ; en d'autres termes, Messieurs, — et vous voyez que dans ces aperçus généraux je n'ai pas, autant que j'ai pu en avoir l'air, perdu
de vue mon sujet spécial, — de cette étude et de cette
prédication généreuse des vérités économiques que je m'honore, pour ma part, et m'honorerai toujours d'avoir bapti-
sée, voici bientôt dix ans, du nom expressif et nouveau
d'*Assistance intellectuelle* (1).

Et maintenant je n'ajoute plus qu'un trait, mais un trait
décisif, et c'est le ministre actuel qui, après son prédé-
cesseur, va me le fournir. C'est qu'il ne s'agit, dans ce mouvement dont le nom reste suspect, d'abaissement pour personne, mais d'élévation pour tous, « de cette élévation progressive des plus dignes, des *meilleures*, selon l'expression
antique (αριστων), qui fait circuler dans le corps social une
sève toujours plus féconde » (2). C'est-à-dire qu'en réalité
ce qu'on appelle *la démocratie* n'est au fond, pourvu qu'elle
soit loyale et sincère, qu'une ARISTOCRATIE ; je dis la meil-

---

(1) Voy. dans les MÉLANGES ÉCONOMIQUES, de M. Frédéric Passy,
le morceau intitulé : *Causes morales et remèdes moraux des
crises alimentaires ; de l'Assistance intellectuelle.*

(2) Voy. Circulaire du 2 octobre 1863.

leure, la plus pure, la plus vraie, la plus indestructible et
la plus parfaite des aristocraties (1).

Sachons donc, à la fin, regarder une bonne fois l'avenir
en face, au lieu de rester obstinément fascinés par de vains
fantomes ; et, sans fermer un moment les yeux sur des périls trop réels, gardons-nous de dire jamais anathème à
notre temps et à ses plus nobles tendances. Se plaindre
n'est rien, agir est tout. Le salut social est dans nos mains,
à toute heure, en tout lieu ; c'est à nous de le faire, à
toute heure et en tout lieu. Faisons-le donc ; faisons-le,
pour tout exprimer en deux mots, comme le grand apo-
tre nous prescrit à chacun de faire notre salut individuel,
avec tremblement, sans doute, mais en même temps avec
espérance et avec allégresse, « ne nous laissant pas vaincre par le mal, mais *vainquant le mal par le bien* ». Et ne
craignons pas, pour résumer ces premières réflexions, de
prendre résolument ensemble, pour notre programme et
pour notre devise, ces belles et fortes paroles d'une des
bouches les plus éloquentes de l'Angleterre, de M. Bright.

« Je suis resté souvent debout sur le rivage, alors qu'il n'y
avait pas un souffle d'air qui ridât la surface de l'Océan.

---

(1) Que ceux que ces paroles ne persuaderaient pas veuillent
bien prendre la peine de méditer la 4ᵉ leçon du 11ᵉ volume du
Cours d'économie politique de Rossi, et notamment ces quelques lignes : Ce qu'on ne trouvera plus ni en Angleterre ni en
Europe, ce qui sera un jour relégué sans retour dans le domaine de l'archéologie, comme l'esclavage, la théocratie, le
wehrgeld, le duel judiciaire, ce sont les aristocraties artificielles
et fermées, en d'autres termes l'inégalité civile et le privilège.
Quant aux aristocraties naturelles, ouvertes à tous les nobles
efforts de la liberté individuelle, de la personnalité humaine,
elles ne sont point incompatibles avec la démocratie, c'est-à-dire
avec l'égalité civile et un gouvernemont national ; ELLES EN
SONT, *au contraire*, L'ORNEMENT, LA DÉCORATION ET LA RÉCOM-
PENSE. Washington, Franklin, Jefferson, sont des noms que l'A
mérique elle-même, quelle que soit aujourd'hui l'intolérance de
son ombrageuse démocratie, rougirait d'oublier ».

J'ai vu la marée s'élever, comme si elle était mue par quelque impulsion mystérieuse et irrésistible qui lançait successivement les vagues sur le rivage. Nous qui sommes une grande nation, ayons dans nos âmes ce souffle mystérieux et irrésistible, cet amour pour la liberté, cet amour pour la justice. Il nous poussera en avant, en avant toujours, et nous fera obtenir triomphe sur triomphe, jusqu'à ce que cette nation soit, comme toutes les nations peuvent l'être un jour, une communauté heureuse et fortunée, que le monde se proposera pour modèle » (1).

DEUXIÈME PARTIE

Il me resterait encore, Messieurs, pour remplir mon programme, tel que je me l'étais d'abord tracé, bien des choses, et des plus importantes, à dire. Mais « qui ne sut se borner ne sut jamais écrire », a dit Boileau. Encore moins parler, ajouteriez-vous bientôt si je ne me faisais à temps à moi-même l'application du précepte ; et je m'aperçois que je me suis laissé entraîner, par le développement de ma thèse principale, à tel point qu'il ne m'est plus possible de traiter convenablement ce que je pourrais appeler mes thèses corollaires. Je m'abstiens donc de toute *exposition* ou *discussion* nouvelle ; et je me contente d'*indiquer*, en aussi peu de mots que possible, pourquoi, en commençant notre entretien, je signalais avec tant de bonheur dans ces *cours* un fruit de l'initiative individuelle et locale.

I

Ma raison, Messieurs, c'est qu'une œuvre qui intéresse tout le monde, une œuvre de tous les jours et de tous les lieux, doit être une œuvre de toutes les mains, de toutes

____

(1) Voy. *Cobden et la Ligue*, par Bastiat, p. 491.

les intelligences et de tous les cœurs; et que si les membres, comme dans un apologue célèbre, se mettent à donner à l'envi leur démission, attendant naïvement que l'estomac ou la tête leur envoient toutes prêtes la nourriture et la vie, ni les membres, ni l'estomac et la tête ne peuvent longtemps éviter la langueur et le dépérissement. Ma raison, c'est que le fond même de la vie sociale, c'est la vie individuelle; et que le grand « danger » de notre temps, on l'a dit assez souvent et d'assez haut, ce n'est pas « l'exagération de l'individualisme ou de l'esprit local, » mais bien plutôt la tendance contraire et trop habituelle à *absorber les forces individuelles dans la force collective* par cette perpétuelle *substitution du gouvernemeut au citoyen* et de la *tutelle* à *l'initiative personnelle,* qui constitue ce qu'on appelle à bon droit la CENTRALISATION ADMINISTRATIVE EXAGÉRÉE (1).

Je ne suis pas, Messieurs, je vous prie de le croire, de ces esprits jaloux qui, par quelque motif de bas étage, font sottement aux grands centres une guerre de tous les jours et à tout propos. Des centres, il en faut à tout ce qui n'est pas dépourvu d'étendue, je le sais, et je trouve tout naturel que de grands Etats aient de grandes capitales. Mais qui dit CENTRE, dit *centre de quelque chose;* organe principal, sans doute, mais non organe indépendant et isolé; foyer où la vie afflue comme foyer d'où la vie émane; cœur, en un mot, où le sang se renouvelle et s'active, mais qui reçoit pour donner et donne pour recevoir. Et s'il en est ainsi, Messieurs, si à toute suprématie correspond nécessairement une dépendance, si l'énergie du grand viscère suppose celle de l'organisme tout entier, et si les capitales, en fin de compte, ne sont et ne doivent

---

(1) *Discours du prince Napoléon* à l'Exposition de Limoges. — Voy. aussi le *Discours de l'Empereur* aux exposants de Londres, et le conseil qui y est si nettement donné à tous de « stimuler chez les individus une spontanéité énergique pour tout ce qui est beau et utile. »

être autre chose que l'image et comme l'abrégé des
nations qu'elles représentent, le point désigné par la
nature et par l'histoire où viennent se concentrer d'eux-
mêmes, pour y briller en faisceau avant de se disséminer
de nouveau dans tous les sens, les rayons divers partis de
tous les points de la surface du pays ; tout ce qui relèvera
le pays relèvera nécessairement et légitimement la capitale ; et, plus le mouvement et la lumière abonderont partout, plus seront grandes et durables en ce lieu privilégié
la splendeur et la force.

Voilà pourquoi, Messieurs, avec les hommes qui ont la
simplicité de croire que ce sont les unités nombreuses et
fortes qui font les grands totaux, et que les corps les plus
vastes ne sont autre chose que l'ensemble et la réunion
de leurs membres, j'estime que la véritable vie doit venir
de partout comme atteindre partout. Et c'est l'individu,
je ne le cache pas, cette véritable monade du corps social,
ce point de départ de la liberté humaine, et ce siège de
toute activité comme de toute sensation et de toute moralité, qui est à mes yeux la matière même, la matière
vivante de toute grandeur et de toute force nationale, le
principe et la fin, l'*alpha* et l'*oméga*. Voilà pourquoi
j'attache tant de prix, un prix inestimable, à tout ce qui,
sous une forme quelconque, manifeste ou suscite l'activité
spontanée, celle des citoyens, celle des associations, celle
des villes ou celle des départements et des provinces.
Voilà pourquoi, dans le déploiement de cette activité et de
cette initiative trop souvent méconnues, je ne vois pas
seulement un devoir et un honneur pour ceux qui en
donnent intelligemment et courageusement l'exemple ;
mais j'y vois aussi, j'y signale et j'y honore hautement un
service, un service de premier ordre, rendu par eux à
cette grande et commune cause de l'*unité nationale*, au
nom de laquelle on les jalouse parfois avec une si mala-
droite injustice. Voilà pourquoi, enfin, dans la vaste et
difficile carrière de l'étude et de l'enseignement, bien loin

de faire cause commune avec ce despotisme soi-disant libéral qui, sous le nom d'*instruction obligatoire* (1), prétendrait imposer par décret à toute une nation la manne officielle d'une science et d'une moralité selon la formule, j'appelle avec une ardeur particulièrement vive, j'appelle de toutes mes forces et de tous mes vœux la manifestation plus générale et plus énergique du zèle local. « Nous avons vu successivement en France, disait en 1859 M. Babinet, disparaître tous les observatoires de second ordre et tous les établissements qui pouvaient servir d'auxiliaires à l'Observatoire impérial, *écrasé par la multitude des objets qu'il avait à suivre*. Je ne fais que répéter les paroles de Lalande à un demi-siècle d'intervalle ». Cette double plainte de deux savants célèbres *de la capitale* n'est-elle pas significative ; et ne montre-t-elle pas bien comment, en faisant le vide autour de soi, la science, comme la richesse, ne réussit qu'à s'appauvrir et s'amoindrir ?

II

Oserai-je ici, Messieurs, rappeler un souvenir personnel ; et puis-je, après de telles autorités, songer sans présomption à me citer moi-même en reproduisant devant vous quelques-unes des paroles qu'il y a dix-huit mois à peine, dans une ville justement renommée pour sa culture intellectuelle, à Nancy, j'osais faire entendre sur ce grave sujet ? Vous en jugerez dans un instant en voyant ce qui m'enhardit à cette citation peut-être insolite.

C'était à un moment solennel, au moment de l'affluence provoquée par les fêtes du *concours régional*. Une Faculté nouvelle, palais magnifique élevé par la ville, à ses frais, et par elle offert à la science, avait été la veille même inaugurée par le ministre en personne, et la grande salle

---

(1) Voy. *De l'Enseignement obligatoire*, discussion entre M. G. de Molinari et M. F. Passy.

des cours semblait retentir encore de sa voix. C'est dans
cette *grande salle* qu'avec son assentiment, et sur l'invita-
tion formelle des professeurs si distingués de cette
« Athènes du Nord » qui, en m'accueillant comme un col-
lègue, semblaient vouloir marquer pour l'avenir la place
vacante parmi eux de la science économique (1); c'est
dans cette grande salle, Messieurs, que j'avais, le premier
après le ministre, l'honneur de paraître ; et voici les
réflexions qu'en présence d'un auditoire véritablement
exceptionnel, et avec son approbation unanime, je le
crois, les circonstances mêmes de cette apparition exceptionnelle aussi m'amenaient à faire :

« Il ne faut pas craindre de le dire, et de le dire dans
une enceinte officielle, la science officielle n'est pas tout
et ne suffit pas à tout. Elle aura beau faire, il y a et il y
aura toujours à côté d'elle place pour bien des travaux,
pour bien des efforts, auxquels ne se plieront jamais assez
aisément ses allures nécessairement uniformes et lentes,
mais qui répondent pourtant à des besoins réels et parfois
impérieux. C'est à ces besoins que s'adressent, avec une
fécondité qui n'est jamais en défaut, ces cours volontaires
et libres de toute nature, — cours individuels, cours
municipaux, cours provinciaux, cours littéraires, cours
professionnels, cours scientifiques, cours artistiques, *lec-
tures*, dans l'acception si souple et si variée du mot,
— par lesquels, dans plus d'un pays voisin, et le zèle
d'apprendre et le zèle d'enseigner sont incessamment
tenus en haleine, les connaissances de tout ordre sont
répandues à toute heure jusque dans les derniers replis
de la population. et les conditions et les rangs se mêlent
en se servant. C'est là, je n'hésite pas à le dire, un usage

____

(1) Au moment où je prononce ces paroles, la Faculté de
droit, réclamée par Nancy, et dont une chaire d'économie
semblerait une annexe naturelle, vient d'être rétablie, et c'est
la ville encore qui en fait les frais.

précieux, et *que nous devons envier hautement à ces pays*. On voit quelquefois, dans cet enseignement irrégulier, un rival et un ennemi de l'enseignement régulier; et l'on craint que la science ne s'abaisse et ne s'altère en passant ainsi par toutes les mains. L'expérience atteste qu'il n'en est rien, et que c'est le contraire qui a lieu. C'est précisément cet enseignement sans titres comme sans hiérarchie, cet enseignement intermittent, capricieux, parfois nomade et fantasque si l'on veut, qui, par sa variété même et par ses transformations, conformes à tous les besoins comme à tous les goûts, entretient et ranime incessamment dans toutes les conditions et dans toutes les localités ces habitudes de curiosité studieuse et infatigable sans lesquelles les plus grandes voix sollicitent trop souvent en vain pour les plus grandes choses l'attention publique. C'est lui qui, en fournissant à chaque idée un organe, à chaque bonne volonté une tribune, à chaque parole un auditoire et à chaque oreille la voix qui lui convient, amène les hommes et les questions à paraître successivement, et à leur heure, au grand jour. Et c'est lui aussi qui, en modifiant et renouvelant sans mesure l'inépuisable champ de l'expérience et de l'activité individuelle, marque peu à peu à chacun sa place et son rang, détermine les tâches selon les aptitudes, et développe, dans les plus humbles parfois, le germe, d'abord imperceptible, des grands talents et des grandes renommées. Qui de nous n'a entendu parler de cette institution féconde des *Privat docent*, qui a donné et qui conserve, disent les meilleurs juges, à l'enseignement supérieur, en Allemagne, un lustre incomparable (1)? Et, si la Belgique, si l'Angleterre, si la Suisse, non seulement voient pénétrer partout tant de notions utiles et saines, mais comptent tant de savants éminents et font à la science et aux savants une situation si honorable et si

---

(1) Voy. les réflexions de M. Weiss, dans le *Journal des Débats*, à propos de la notice de M. Guigniaut sur Kreuzer.

belle, qui ignore qu'elles le doivent avant tout à cet enseignement volontaire, dans la pépinière toujours renouvelée
duquel se recrutent incessamment et professeurs et disciples? »

Voilà ce que je me permettais de dire ; et voici maintenant (et c'est pour cela que j'ai cru devoir rappeler ce
souvenir), voici, Messieurs, ce que je lis dans le dernier
numéro de la *Revue de l'instruction publique* (1) à propos
de la mesure, — celle même grâce à laquelle nous sommes
ici rassemblés, — qui a, dit la *Revue, rétabli la liberté des
cours publics.*

« Cette mesure, en dehors de son caractère éminemment libéral, sera certainement féconde en heureux résultats, et prendra place, aux yeux des hommes de tous
les partis, parmi les actes les plus justement populaires
du ministre. Maintenant, du moins, l'instruction sera mise
à la portée de tous ; le goût des saines études se propa-
gera dans toutes les classes de la société ; les jouissances
intellectuelles pourront faire une heureuse concurrence
soit aux récréations purement matérielles, soit à la tor-
peur et à l'engourdissement des intelligences qui s'étio-
lent loin des grands centres littéraires et scientifiques.
L'Université elle-même retirera de cette innovation des
profits immédiats : une foule de jeunes gens instruits, capables, habiles à manier la parole, pourront se faire connaître, acquérir l'expérience de l'enseignement public, et
se distinguer assez pour mériter l'honneur d'entrer dans
les Facultés, vers lesquelles une grande et large voie leur
est désormais ouverte. *A l'œuvre donc vous tous qui pos-
sédez des connaissances utiles et qui vous sentez la force
de les communiquer aux autres*; rien ne vous arrêtera
plus maintenant; *et vous connaîtrez mal le prix de la
science qui est en vous si vous ne vous considériez comme
de simples dépositaires d'un bien qui appartient à tous, et*

---

(1) Numéro du 10 décembre 1863.

que vous êtes chargés de répandre autour de vous. On
nous a reproché assez souvent notre infériorité sous ce
rapport *en nous comparant aux autres peuples*; le moment
est venu de faire nos preuves. *Et nous espérons, pour l'honneur des hautes études françaises, que le ministre ne nous
aura pas fait un vain don en accordant à la science* cette
liberté de parole qui est le plus puissant de tous les instruments de moralisation et de progrès. »

Messieurs, je ne dissimulerai pas que j'aime mieux avoir
à *lire* ces choses qu'à les *dire*; mais je ne dissimulerai
pas davantage que je les lis avec un vif plaisir; et, en
m'associant aux réflexions du rédacteur de la *Revue de
l'instruction publique*, je crois pouvoir féliciter sans dé-
tour la ville de Nice d'avoir su être du nombre encore
trop restreint de celles où va se donner l'exemple. Je remercie donc de nouveau, et du fond du cœur, la chambre
de commerce à laquelle est due la première pensée de
ces leçons. Je remercie, avec la municipalité dont nous
sommes les hôtes, l'administrateur distingué qui dirige ce
département (et dont j'avais pu déjà connaître ailleurs
l'esprit éclairé et libéral) (1), d'avoir, comme ils l'ont su
faire par leur bienveillant empressement, facilité et agrandi
la réalisation de cette excellente pensée. Je remercie enfin
les honorables collègues qui, en joignant si spontanément
leurs voix à la mienne, consacrent en quelque sorte, avec
l'accord des sciences, l'ère nouvelle proclamée par les
lignes que je lisais à l'instant, et montrent que l'Université, malgré ses labeurs officiels, peut fournir, elle aussi,
des volontaires à l'enseignement libre. C'est un sacrifice
pour eux que ce surcroît de fatigue et d'études, et nous

---

(1) M. Gavini de Campile, alors préfet de l'Hérault, a été l'un
des promoteurs du cours d'économie politique de Montpellier,
le premier qui ait commencé à réaliser en France la propagation de ces « sages doctrines » encore si peu propagées, et
c'est en sa présence que j'ai eu l'honneur de l'ouvrir le 1ᵉʳ décembre 1860.

ne devons pas l'oublier. Mais ce sacrifice, j'ose le leur
garantir, ne sera pas fait en pure perte. Qui sait si leur
exemple ne va pas réveiller ailleurs des dévouements qui
s'ignorent et encourager des timidités qui hésitent, et si,
à l'imitation de ce qui commence ici, ne surgiront pas
sous peu, sur plus d'un point, d'utiles et nouveaux centres de lumière et d'études, créations, eux aussi, de l'initiative individuelle et locale ? Qui sait surtout si, ici même,
cette institution, aujourd'hui naissante, n'est pas destinée
à devenir le germe de quelque grand et splendide progrès ;
si cette première pierre que, d'une main encore mal assurée, je pose en ce moment devant vous, n'est pas la
base, imparfaite, mais durable, d'un vaste et imposant édifice que développeront et achèveront des mains plus puissantes ; et si quelque jour, sur ce sol en quelque sorte
marqué pour une telle destination, dans ce pays aux intelligences limpides comme son ciel et riantes comme son
climat ; à ce confluent sans cesse accru et renouvelé où se
rencontrent et se mêlent, comme des eaux fécondes,
toutes les nationalités, toutes les traditions, et toutes les
aptitudes, nous ne verrons pas s'élever comme d'elle-
même une immense *Faculté internationale*, réunissant
devant un auditoire cosmopolite toutes les sciences et
toutes les langues de l'Europe, et donnant, par la fraternité croissante de l'intelligence, comme un avant-goût de
de cette fraternité des peuples qui est le rêve de l'avenir,
et qui sera un jour, qui sera bientôt peut-être, — si nous
savons la comprendre et la vouloir, — la sainte et glo-
rieuse réalité du présent ?

III

La fraternité des peuples, Messieurs. que ce soit là, dans
cette ville, et en ce moment, — dans ce temps de paix
partout menacée, et devant cet auditoire « de toute langue

et de toute nation, » — la dernière parole qui tombe aujourd'hui de mes lèvres. J'aurais dû, semble-t-il (et jusqu'à présent je l'ai fait partout) ; j'aurais dû, dans ce premier entretien, donner un aperçu rapide de la science dont j'ai à vous exposer les lois, en indiquer le caractère, en marquer le but, en démontrer la légitimité, l'utilité, la nécessité même, et vous mettre ainsi en garde contre les objections et les préventions imméritées qui, trop souvent, ont éloigné d'elle les meilleurs esprits. Mais cette justification préalable, Dieu merci ! commence à n'être plus aussi indispensable qu'elle l'était naguère encore ; et l'on n'a plus, avant de s'avouer *économiste*, à conjurer aussi humblement le public de vouloir bien, en dépit de la rime, ne pas tenir absolument ce mot pour synonyme de *matérialiste*, d'*anarchiste*, de *communiste* ou autres énormités en ISTE. Les noms des Adam Smith, des Turgot, des Say, des Bastiat, des Droz ou des Rossi, — pour ne parler que des morts, — ne sont plus des noms irrémissiblement voués à l'exécration et au mépris ; et l'on peut, sans grand courage, se proclamer désormais leur disciple et se ranger sous leur bannière. Peut-être même, depuis que « la propagation des sages doctrines de l'économie politique » est devenue « le devoir » en quelque sorte officiel des « bons citoyens », a-t-on pu s'étonner, en quelques circonstances, du nombre inattendu de « bons citoyens » empressés à se signaler par cette vertu nouvelle ; et les véritables adeptes de la science, s'ils avaient eu l'esprit plus porté à l'ironie, aurait pu quelquefois, à l'occasion de ses coréligionnaires de fraîche date, rappeler en souriant ces lignes charmantes et tristes de Mme de Sévigné : « Jusqu'à présent les dragons ont été d'excellents missionnaires ; les prédicateurs achèveront l'œuvre, en apprenant aux gens pourquoi ils se sont convertis. » Cet *achèvement de l'œuvre* ne manquera pas du moins, espérons-le, puisque de nouvelles chaires surgissent enfin. Et ceux qui ne connaissent pas assez le *pourquoi* de leur conversion pourront trouver désormais, s'ils tiennent vraiment à le savoir, des *predicateurs* pour le leur apprendre.

Tout ce que je crois devoir dire à cet égard aujourd'hui, — sauf à en donner la démonstration dans toutes mes leçons, — c'est que l'économie politique, fondée tout entière sur le déploiement de la *la liberté dans la justice*, n'est pas au fond autre chose, comme on l'a parfaitement dit, que « la morale chrétienne de l'homme juste appliquée au développement de la Société » (1). C'est que si elle est par un côté la science du bien-être, ou, comme l'écrivait justement naguère un théologien fameux (qui a merveilleusement compris sa valeur morale, et mis en parfaite lumière l'accord de ses principes essentiels avec les préceptes fondamentaux de l'Evangile), « *la science du pain* » (2), elle est aussi, elle est avant tout, elle est par essence, la science du respect mutuel et de la solidarité féconde ; car elle est la science du pain *gagné*, non du pain *volé*, du bien-être conquis par l'intelligence et par l'effort, non du bien-être surpris par la fraude ou ravi par la violence, *la science du travail volontaire et la science du travail concerté.* C'est que la liberté, enfin, qui est le fond de l'homme, en est le premier mot, l'harmonie le dernier ; et que la paix, la paix comprise et grandissante, la paix avec soi-même et la paix avec autrui, la paix sociale d'abord et la paix internationale ensuite, est la conclusion la plus claire de tous ses enseignements, et le but qu'au terme de toutes ses voies elle révèle à l'envi à ceux qui l'étudient et la comprennent.

Il y a, Messieurs, il y a, de par le monde, et en grand nombre encore, des hommes qui vont professant que les intérêts, — intérêts individuels ou intérêts collectifs, — sont opposés et contradictoires ; que « le profit de l'un »

______

(1) M. Rondelet, *le Spiritualisme en économie politique*, p. 369
(2) Le R. P. Gratry, *Commentaire sur l'évangile selon saint Mathieu*, notamment au dernier chapitre sur LA « MULTIPLICATION DES PAINS. »

8

comme disait Montaigne, « est le dommage de l'autre, » que « ce que l'un gagne », comme disait Bacon, « un autre le perd », et qu'ainsi c'est fatalement aux dépens d'autrui que, tous tant que nous sommes, individus ou peuples, nous avons été condamnés à soutenir ou à agrandir notre existence. Il y a d'autres hommes qui, ne voyant dans les intérêts humains que des combinaisons arbitraires et changeantes de la loi et de la coutume, s'imaginent que les sociétés se manipulent et se refondent au gré des réformateurs ou des princes, et qui volontiers appliqueraient au *grand œuvre* de la régénération sociale cette recette de je ne sais plus quel alchimiste du moyen âge : « Prenez de n'importe quoi, autant qu'il vous plaira, et traitez-le comme vous l'entendrez ; *recipe aliquid ignoti quantum volueris* » (1). Je n'hésite pas à le leur dire en face, Messieurs, ce sont ces deux races d'hommes qui sont dans le monde le levain maudit de la discorde et de la misère ; ce sont eux qui maintiennent obstinément les sociétés dans la violence et dans le désordre. Car le désordre et la violence sont la seule conclusion logique de leurs doctrines funestes. Et aussi longtemps que ces doctrines prévaudront, aussi longtemps que le hasard et l'antagonisme continueront à être, par de prétendus *hommes pratiques*, ennemis déclarés de toute *théorie* et de tout *principe*, solennellement érigés en théories fatales et en honteux principes, ce sera en vain que nous soupirerons après la justice et que nous implorerons la paix. Le monde restera livré à l'utopie, à l'arbitraire, à la cupidité et à l'égoïsme ; la richesse ne sera qu'une exception précaire et une proie sanglante ; et il faudra nous résigner, quoi que nous en ayons, à répéter douloureusement sur les individus en lutte et sur les peuples en guerre, cet arrêt fatal d'un ancien : « L'homme n'est qu'un loup pour l'homme, *homo homini lupus.* »

---

(1) Rhasès, *Recette infaillible pour faire de l'eau-de-vie.*

IV

Mais ce mot fatal, Messieurs, la science économique le
répudie et le condamne ; car ce sont précisément les deux
erreurs de ces deux races d'hommes qu'elle sape par la
base. Aux uns, aux partisans de l'arbitraire et du hasard,
elle dit et elle montre par l'expérience même, par l'*observation* attentive et prolongée *des faits sociaux*, que ces
faits ont leurs lois non moins certaines que celles de la
nature physique ; que rien n'est à l'abandon dans l'univers ; que la pensée souveraine de Dieu n'est pas plus
absente du monde des volontés et des actions humaines
que du monde des phénomènes matériels ; et que sous ce
prétendu hasard de la surface dont se prévalent la paresse,
la cupidité et l'ignorance, se cache un ordre sublime et
profond que la raison découvre, que la sagesse respecte et
que la droiture bénit. Aux autres, aux doctrinaires de
l'antagonisme et aux apôtres de la haine, elle enseigne
que ces lois (comme celles du monde physique encore) se
résument en une seule loi suprême, la justice, et aboutissent à l'harmonie. Et, tandis que le socialisme, l'empi-
risme, et ce faux patriotisme qui se compose de jalousie
étroite et d'orgueil mal placé, répétant avec Montaigne et
Bacon les tristes axiomes de la morale de la spoliation et
de l'envie, poussant à toute heure, les uns contre les
autres, individus et nations, ne cessent d'exciter les forts
à l'oppression et les faibles à la révolte, — la science, plus
heureuse, trouvant dans la justice et dans l'amour la satisfaction de tous les besoins et la raison de tous les progrès, arrive à répéter, au nom de l'intérêt, par la bouche
de ses maîtres les plus autorisés, ces paroles jadis prononcées au nom du devoir : « Aimez-vous, aidez-vous les uns
les autres ; car vous êtes tous frères, tous membres soli-

daires de la grande famille sociale » (1) et de la grande
famille humaine. Elle inscrit, au frontispice de son monu-
ment le plus sublime, — les immortelles *Harmonies* de
l'immortel Bastiat, — le mot même qu'arrachait aux
Kepler et aux Newton la contemplation des grands mys-
tères du Ciel : « *Digitus Dei est hic*, le doigt de Dieu est
ici ». Et elle fait enfin, à la face de la terre, proclamer par
la voix retentissante des conducteurs des nations, cette
maxime qui renverse tous les errements de l'ancien ma-
chiavélisme et inaugure une politique nouvelle : PLUS UN
PEUPLE EST RICHE ET PROSPÈRE, PLUS IL CONTRIBUE A LA RICHESSE
ET A LA PROSPÉRITÉ DES AUTRES » (2).

V

Elle triomphera, Messieurs, cette politique nouvelle,
méconnue et bafouée jadis par les plus beaux génies eux-
mêmes, et maintenant proclamée à l'envi par toutes les
grandes voix qu'écoutent les hommes, voix du philosophe,
voix du prêtre, voix des écrivains illustres et voix des souverains. Elle triomphera. Et dans ce triomphe une grande
part, une part croissante, reviendra justement à la science
qui, en ce moment, vous fait appel par ma bouche : car, si
cette science n'est pas (et elle n'a garde d'y prétendre)
l'inspiratrice unique et première de ces nobles désirs, de
ces généreuses pensées, de ces vues élevées et larges dont
la réunion forme enfin le grand courant pacifique qui
nous entraîne vers des rives meilleures; elle n'est restée
du moins, elle a le droit de le dire, étrangère à aucun de
ces désirs, de ces pensées et de ces vues. Ce n'est pas elle
qui a fait la foi du prêtre, la doctrine du philosophe ou le

---

(1) Voy. le *Salaire*, par M. Charles Le Hardy de Beaulieu,
Conclusion.

(2) *Discours de l'empereur* à l'ouverture de la session de
1860.

coup d'œil de l'homme d'Etat ou du souverain ; mais c'est elle, croyez-le bien, qui, en offrant à tous, — souverain ou philosophe, prêtre ou homme d'Etat, — un terrain neutre et solide où pussent se rencontrer enfin leurs aspirations les plus pures et les meilleures, a préparé, a commencé, et achèvera, s'il plaît à Dieu, cette réconciliation nécessaire de toutes les grandes choses, qui seule peut calmer nos agitations et guérir nos plaies. C'est elle qui, en donnant, par l'analyse et par l'étude, par la démonstration et par les faits, un corps chaque jour plus ferme aux divins préceptes de la justice et de l'amour, ajoute à l'autorité de la loi morale la force pour ainsi dire irrésistible de la loi matérielle, et nous amène enfin à vouloir en tout, ne fut-ce qu'à cause *du reste,* cette « *Justice du royaume de Dieu* » qu'il faut « *chercher avant tout* », mais qui « *donne par surcroît tout le reste* ».

Et si vous voulez, Messieurs, avant de nous séparer, mesurer comme d'un coup d'œil ce progrès parallèle de la justice et de la science, écoutez ces paroles par lesquelles je termine.

Au siècle dernier, un homme de bien, l'abbé de Saint-Pierre, pour avoir parlé légèrement de Louis XIV, et de ces guerres dont le *grand roi* lui-même, à son lit de mort, avait senti sa conscience si lourdement embarassée, se voyait brutalement *exclu* de l'Académie française ; et pour avoir, sans trève et sans relâche, consacré à la prédication de la paix tous les jours de sa longue carrière, il mourait, à 85 ans, avec la réputation, qui lui reste trop encore, de n'avoir été qu'un maniaque respectable et un fou bienfaisant (1).

Il y a vingt ans, un illustre philosophe, — qui s'est parfois montré sévère pour les Economistes, mais qui pourtant, comme le fondateur de la science, le philosophe

---

(1) Voy. l'*Abbé de Saint-Pierre, membre exclu de l'Académie française,* par M. G. de Molinari.

8.

Adam Smith, a prouvé plus d'une fois aussi que la philosophie et l'économie politique sont sœurs, — M. V. Cousin, dans un travail sur A. Smith précisément, écrivait cette page qui semble n'être qu'un magnifique commentaire de ce mot célèbre du plus grand guerrier de notre âge : « *Toute guerre européenne est une guerre civile,* », et il l'écrivait sans risquer un moment, que je sache, de se voir exclu de l'Académie, devant laquelle il la lisait, ni d'aucune autre.

« L'Europe est un seul et même peuple, dont les différentes nations européennes sont des provinces; et l'humanité entière n'est qu'une seule et même nation qui doit être régie par la loi d'une nation bien ordonnée, à savoir: la loi de justice, qui est la loi de liberté. La politique est distincte de la morale ; mais elle n'y peut être opposée. Et qu'est-ce que toutes les maximes inhumaines et tyranniques d'une politique surannée devant les grandes lois de la morale éternelle ? *Au risque d'être pris pour ce que je suis, c'est-à-dire pour un philosophe, je déclare que je nourris l'espérance de voir peu à peu se former un gouvernement de l'Europe entière,* à l'image du gouvernement que la révolution française a donné à la France. La Sainte-Alliance, qui s'est élevée il y a quelques années entre les rois de l'Europe, est une semence heureuse que l'avenir développera, non seulement au profit de la paix, déjà si excellente en elle-même, mais au profit de la justice et de la liberté européenne (1) ».

Un peu plus tard, en 1848, un économiste célèbre, M. Michel Chevalier, citant et commentant à son tour le philosophe, se demandait « ce que serait l'Europe dans cinquante ans ou seulement dans vingt, si les millions d'hommes dont le système des grandes armées permanentes ravit à la production l'intelligence et la force, les milliards

---

(1) *Travail sur A. Smith,* lu par M. Cousin à l'Académie des sciences morales et politiques, en novembre 1846.

que le démon retranche tous les ans du revenu des nations (sauf ce qu'il en faudrait pour assurer la sûreté publique), recevaient l'emploi que la raison recommande,
que la liberté conseille ! »

Et il ajoutait, à l'adresse de notre pays plus spécialement, ces paroles d'un patriotisme plus vrai que celles
dont le bercent trop souvent les prétendus amis de sa
grandeur et de ce qu'ils appellent sa *prépondérance*.

« Il appartient à la France plus qu'à personne de prendre
l'initiative de tout ce qui est propre à affermir la paix. Ses
ennemis l'avaient crue abattue en 1815. La voilà relevée et
maîtresse de la situation. Grand Dieu ! inspirez-lui la réso-
lution ferme de n'user de ses avantages qu'au profit de
votre céleste loi d'union, et au dedans et au dehors ! Elle le
doit pour ne plus déchoir ; elle le doit pour se faire définitivement pardonner le dommage qu'ont causé jusqu'ici
ses passions belliqueuses (1) ».

Aujourd'hui, à cette heure où je vous parle (car en ce
moment même l'Europe entière s'étonne et se recueille
autour de cette proposition inattendue), aujourd'hui,
Messieurs, cette juridiction de famille rêvée par le bon
abbé de Saint-Pierre, ce gouvernement à venir de l'Europe
salué de loin par M. Cousin, cette *initiative* pacifique de la
France appelée par toutes les illustrations économiques,
mais raillée par le dédain superbe des hommes *sérieux* ;
cette réforme, enfin, que l'utopie, à ce qu'il paraissait, s'entêtait seule et s'entêtait en vain à conseiller à la France et
à l'Europe, nous la voyons, par une déclaration solennelle,
entrer tout à coup avec éclat dans le domaine des choses
pratiques, et y entrer, quel que soit son avenir de demain,
comme de telles choses y entrent, pour n'en plus sortir.
C'est au nom du peuple le plus renommé pour la puissance
de ses armements et l'ardeur passionnée de ses instincts
belliqueux que l'idée d'un apaisement général et d'un dé-

---

(1) *Lettres sur l'organisation du travail*, p. 347 et suiv.

sarmement universel est jetée dans le monde. Et c'est le souverain auquel le monde, de son aveu même, « attribue le plus de pensées ambitieuses » et de désirs de prédominance oppressive sur ses voisins qui, frappé des retours chaque fois plus terribles de ces éternels différends que nulle guerre, quoi qu'on en ait dit, n'a jamais su trancher, vient spontanément soumettre à ses voisins le projet de les dénouer enfin par un arrangement amiable ; et, montrant dans la force une obligation en même temps qu'une condition de la modération et de la prudence, ne veut demander désormais à la puissance matérielle que nul ne lui conteste, d'autre privilège que celui de s'incliner le premier, en y conviant les autres, devant « la puissance morale d'un *arbitrage européen* » (1).

Je n'aime point, Messieurs, à sortir de mon domaine, parce que dans mon domaine j'aime à conserver sans atteinte toute la liberté et toute la franchise de mes allures. Je n'aurai garde, par conséquent, ni aujourd'hui ni jamais, d'entraîner inconsidérément la science sur le terrain brûlant de la politique contemporaine ; et je laisse à d'autres paroles ou à d'autres plumes l'examen des chances favorables ou contraires que peut rencontrer pour le moment la réunion d'un congrès européen. Encore bien moins me mêlerai-je d'apprécier devant vous les motifs, bons ou mauvais, de la résistance des uns ou de l'empressement des autres. C'est assez que l'idée en soit lancée dans le monde, et il me suffit de pouvoir, au nom de la science et sans sortir de l'impartialité sereine de cette région des

---

(1) Il n'est peut-être pas sans intérêt de remarquer que cette idée d'un arbitrage suprême, destinée à sauvegarder la paix du monde civilisé, qui a frappé comme une nouveauté née des circonstances dans le dernier discours impérial, a été exposée et développée, il y a vingt ans, dans les Idées napoléoniennes, avec beaucoup de clarté et de force. Voy. Napoléon III publiciste, par M. G. de Molinari.

principes où se rencontrent unanimement les véritables
économistes, non seulement avouer hautement cette grande
idée, mais la revendiquer comme un fruit tardif et précieux
de leurs enseignements et de leurs appels. Il me suffit de
pouvoir, en commençant devant vous ces entretiens sur
la *Science de la paix*, constater avec vous ce progrès
constant du glorieux et saint prestige de la paix dans les
esprits et dans les cœurs. Il me suffit enfin, en terminant
ce premier et trop long entretien, de pouvoir prononcer
fermement devant vous, comme le meilleur aperçu de
mon enseignement, cette belle et véhémente apostrophe
que, si vous me faites l'honneur de revenir m'entendre,
je ne désespère pas de vous faire répéter d'une seule voix,
en nous séparant à la fin de ces leçons, comme le meilleur
et le plus fidèle résumé de toutes mes paroles :

*« Regardons en face l'admirable idéal d'une paix habi-
tuelle, générale et croissante, d'une paix sociale et internationale dans la justice et le progrès, d'abord au milieu
des chrétiens, puis sur le globe entier. Sans rien prédire sur
ce qui sera, j'affirme que le devoir et la gloire de tout
homme serait de travailler jusqu'à son dernier souffle d
établir cette paix de Dieu au sein du monde entier. Qui
osera me contredire (1) ? »*

-----

(1) Voir *La Paix*, p. le R. P. Gratry, p. 96.

Paris. — Typ. A. Davy, 52, rue Madame.

PRINCIPAUX OUVRAGES DE M. FRÉDÉRIC PASSY

A la librairie HACHETTE : *Les machines et leur influence sur le progrès social; Le petit Poucet du XIXᵉ siècle* (Georges Stephenson et la naissance des chemins de fer). *L'industrie humaine; La population* (Malthus et sa doctrine). *La liberté commerciale; La monnaie et le papier monnaie; La propriété et l'hérédité*, etc., etc., faisant partie de la collection des entretiens populaires et des cours d'économie industrielle.

A la librairie GUILLAUMIN : *Leçons d'économie politique; Mélanges économiques; La Propriété intellectuelle; L'Économie politique en une séance; L'enseignement obligatoire; La question des octrois; La part de la France dans l'économie politique; L'enseignement secondaire en France; Edouard Laboulaye; Frédéric Bastiat; Le rétablissement des tours; La barbarie moderne; La liberté individuelle en 1881; La véritable égalité; La liberté du travail et les traités de commerce.* DISCOURS PARLEMENTAIRES sur : *Les syndicats professionnels; Le programme économique du gouvernement; Les expéditions lointaines et les crédits pour le Tonkin et Madagascar; Les modifications aux tarifs des douanes (céréales et bétail); La réglementation des heures de travail et la responsabilité des accidents industriels; La liberté des funérailles.*

A la librairie DELAGRAVE : *Vérités et paradoxes.*

AU SIÈGE DE LA SOCIÉTÉ FRANÇAISE POUR L'ARBITRAGE ENTRE NATIONS : *Discours, rapports et brochures diverses sur la paix et la guerre; l'arbitrage international;* etc. *La question de la paix; L'avenir de l'Europe; Les armements de l'avenir; L'utopie de la paix;* etc.

Chez FISCHBACHER et chez GUILLAUMIN : *Les fables de la Fontaine.*

A la bibliothèque des ANNALES ÉCONOMIQUES et à la librairie GUILLAUMIN : *Discours au Congrès monétaire de 1889,* etc.

CONFÉRENCES : *sur l'impôt sur le revenu à la Chambre syndicale des propriétés immobilières; La paix sociale; conférences pour les sociétés du travail; L'idée de Dieu et la liberté; conférences pour l'Union des femmes de France; Le devoir social,* etc.

Conférence au familistère de Guise, 1891. La question de la paix, brochure de 16 pages.

Paris. — Typ. A. DAVY, rue Madame, 52. — Téléphone.

www.ingramcontent.com/pod-product-compliance
Ingram Content Group UK Ltd.
Pitfield, Milton Keynes, MK11 3LW, UK
UKHW021217140726
13695UKWH00002B/600

9 782016 115657